U0544305

Christoph Wulf

■ 德国当代教育学研究丛书

■ 彭正梅　主编

教育科学：解释学、经验研究和批判理论

[德] 克里斯托夫 · 武尔夫（Christoph Wulf） 著 ■

温辉　陈丽莎　等　译 ■

教育科学出版社

· 北 京 ·

出 版 人　郑豪杰
责任编辑　方檀香
版式设计　沈晓萌
责任校对　马明辉
责任印制　米　扬

图书在版编目（CIP）数据

教育科学：解释学、经验研究和批判理论 /（德）克里斯托夫·武尔夫（Christoph Wulf）著；温辉等译 . 北京：教育科学出版社，2025. 1. --（德国当代教育学研究丛书）. -- ISBN 978-7-5191-4147-9

Ⅰ . G40-095.16

中国国家版本馆 CIP 数据核字第 2024LG9634 号

北京市版权局著作权合同登记 图字：（01-2024-3997）

德国当代教育学研究丛书
教育科学：解释学、经验研究和批判理论
JIAOYU KEXUE: JIESHIXUE、JINGYAN YANJIU HE PIPAN LILUN

出版发行	教育科学出版社		
社　　址	北京·朝阳区安慧北里安园甲 9 号	邮　　编	100101
总编室电话	010-64981290	编辑部电话	010-64981252
出版部电话	010-64989487	市场部电话	010-64989009
传　　真	010-64891796	网　　址	http：//www.esph.com.cn
经　　销	各地新华书店		
制　　作	浪波湾图文工作室		
印　　刷	唐山玺诚印务有限公司		
开　　本	720 毫米 × 1020 毫米　1/16	版　　次	2025 年 1 月第 1 版
印　　张	14.25	印　　次	2025 年 1 月第 1 次印刷
字　　数	135 千	定　　价	52.00 元

主编前言

中国社会发展的古今中西问题，是中国现代化进程中一再成为主题的问题。在教育方面，邓小平提出了中国教育发展的基本原则，即教育要面向现代化、面向世界、面向未来。尽管邓小平说的是教育，但我们也可以这样来理解：既然培养人的教育要面向现代化、面向世界以及面向未来，那么，这些人所属的社会，毫无疑问也应该面向现代化、面向世界、面向未来。也就是说，教育发展的三个面向也意味着或必然要求社会发展的三个面向。中国社会只有面向世界，特别是面向发达的现代化国家，并与之互动，才能激发和推动我们的现代化，并凭借我们民族强大的学习天赋去寻求超越的机会。因此，只有面向世界才会有真正的未来。教育和教育学的现代化及其基本维度考察是“德国当代教育学研究丛书”的根本关怀。

一

教育的发展逻辑与社会的发展逻辑之间的某种一致性，早在2000多年前的《大学》中已经得到了明确的表达。《大学》首先用社会逻辑来要求教育：古之欲明明德于天下者，先治其国；欲治其国者，先齐其家；欲齐其家者，先修其身。《大学》把社会的逻辑包括天下、国家和大家庭的发展归拢到个体的修身，即教育。《大学》紧接着又将教育的逻辑上升到社会的逻辑：身修而后家齐，家齐而后国治，国治而后天下平。因此，《大学》在倡导一种教育逻辑与社会逻辑的直接的一致性。基于这样的双循环，《大学》强调“自天子以至于庶人，壹是皆以修身为本”。

《大学》把明确这个逻辑称为“知本”，并警告说“其本乱而末治者，否矣。其所厚者薄，而其所薄者厚，未之有也”。

《大学》的这个逻辑也存在着一个风险：用社会的逻辑来代替教育的逻辑，进而言之，用“政”的逻辑来否定“学”的自身逻辑。这一点在《学记》中“建国君民，教学为先”的理念下得到进一步强化。正如贾谊所说：教者，政之本也。尽管贾谊也说，道者，教之本也。但实际上，什么是“道”往往为“政”所界定，加上对“师道尊严”的强调，教育有沦为单纯的政治教育的风险，从而压缩或否定了“教”的基本空间和基本逻辑。

二

捍卫教育的自身逻辑是现代教育学的基本特征。这突出体现在现代教育最著名的三个思想家那里。

卢梭之所以要把教育置于远离文明的大自然之中，就是因为在那个泛滥着虚荣、伪善、无情、不平等和腐败的文明社会中找不到有利于儿童成长的空间。于是，他把教育移出社会之外，一如古希腊的柏拉图，试图培养新人，以真正改造这个有缺陷的社会。这也意味着，当社会存在缺陷时，强调教育适应社会是在强调教育适应缺陷。教育逻辑和社会逻辑必然存在一定的张力。

赫尔巴特不仅捍卫教育的自主空间，同时还捍卫教育学的自身逻辑。他认为，教育学应该建构自己的理论（而不是建构自己的独特方法），以避免这个学科被其他学科的话语和逻辑所殖民。

杜威则是用“教育无目的论”来捍卫教育的自身逻辑。在杜威看来，教育就是生长，有着生长的自身特性，他反对社会各种势力甚至包括家长对教育强加各种外在目的。也正是从这个意义上，杜威强调教育无目的，以为儿童开辟自由和自主生长的空间。

按照德国当代教育学家迪特里希·本纳的观点，现代社会的基本特征就是人类总体实践主要分化为政治、经济、宗教、审美、道德和教育这六大领域。这些领域都具有自身的逻辑，因此，尊重和捍卫教育的自身逻辑是现代社会或现代化了的社会的根本要求或应有之义。

德国教育学在追求德国现代化的进程中，除了纳粹政权时期，基本上尊重教育作为人类基本实践的内在特性，尊重教育的自身逻辑。德国当代教育学更加自觉地捍卫教育的自身逻辑，防止政治与教育的直接统一。

深受德国教育传统影响的蔡元培先生，有感于当时的社会现实，在1922年3月的《新教育》上发表了《教育独立议》，倡导教育要落于政潮之外，因为“教育是求远效的”，带有未来性。如果教育受到过多不当干预，教育、教育者、教育研究者太过匆忙、不加批判地跟随现实，都可能会使一个社会丧失发展的潜力。设若时代以各种吸引眼球的名义，不断地翻炒着教育大饼，一会儿这样、一会儿那样地不断喧嚣，那必然会让教育工作者疲于奔命，何况稚嫩的儿童。唐柳宗元在《种树郭橐驼传》中指出，这种“爪其肤以验其生枯，摇其本以观其疏密”的“爱之太恩，忧之太勤”的行为，实际上是“虽曰爱之，其实害之；虽曰忧之，其实仇之”，最终戕害了树木的本性，使之难以结出硕果。

三

当然，当代德国教育学发展不仅仅体现在对教育的自身逻辑的论述和捍卫上，同时还体现在有关教育与政治、教育与文化、教育与道德、教育与纪律、教育与美学、教育与天才培养、教育人类学以及一般教学论和专业教学论等领域的研究。本丛书拟对这些方面做系统研究，以展示当代德国教育学的基本方面，以推进我国对德国教育学的研究，回应我们社会潜在的迫切的理论需求，助力中国教育学的现代转型和发展。

本系列研究是我国第一套研究德国教育学的丛书，意图弥补我国对当代德国教育学研究的不足。就个人而言，本丛书既是我对德国教育研究阶段性的学术总结，也是对继承导师李其龙教授德国教育研究事业的交代。我 1996 年跟随李其龙先生读博士，开始学习和研究德国教育与教育学；后来，又受惠于与德国当代教育学家本纳（25 年）、教学论家迈尔、教育现象学家布林克曼、比较教育学家施瑞尔等的交往。现在主编这样一套丛书，虽说也有所感怀，不吐不快，但也有点诚惶诚恐，担心辜负了师友的期待。或有谬误，完全是我个人学业不精之故。

在儒家文化中，教育关乎天下太平，且天下兴亡匹夫有责；在康德那里，教育关乎世界的永久和平，是大自然隐秘计划的重要执行者；马克思认为，人类的普遍交往会克服各民族和文明的狭隘性与片面性，并最终形成一个共同的世界文学。在我看来，中德两国的教育家都具有这种使命所需要的雄心、谦逊和耐心。

恳请同行不吝指教。感谢教育科学出版社的支持，感谢教育科学出版社翁绮睿女士的支持，感谢华东师范大学区域国别研究院对本丛书的支持，感谢为本丛书提供支持、帮助的各位老师、同行和朋友。

彭正梅

2025 年 1 月 10 日

译者序

教育科学三种范式及其与哈贝马斯三种认识兴趣的关联

20 世纪 60 年代，德国教育科学从以一种范式为主导转向三种范式的对抗，并在之后越来越向多元化方向发展。在德国当代教育科学的发展进程中，人文主义教育学（精神科学教育学）、经验教育科学和批判教育科学三大传统范式在概念、理论和方法等方面为教育科学的科学和自主发展注入了核心动力。这三种范式与哈贝马斯（Jürgen Habermas）提出的三种认识兴趣（实践的兴趣、技术的兴趣和解放的兴趣）相对应，且都具有自身内在的合法性。按照库恩提出的范式概念，范式表示规范某一科学共同体成员的价值取向和观察视角，联结科学中不同理论、方法、工具等的哲学思维方式或模式。武尔夫先生的这本著作正是从范式理论出发，借助范式概念来考察这三种经典的教育科学流派，系统呈现不同的教育学派各自的立场和体系，揭示不同教育科学范式内部的讨论以及它们之间的争论。尽管德国教育科学在 20 世纪 80 年代以后逐渐呈现分化和多元化的发展趋势，各种不同的思潮取代了传统的教育科学范式，但是，反思这三种经典教育科学范式的理论和方法及其之间的争论仍然是教育研究者的重要使命，因为它们为教育科学的发展奠定了基石，为洞察复杂的教育现实提供了基本路径。

一、教育科学的解释学范式

人文主义教育学源于对启蒙理性主义和功利主义的对抗。启蒙运动过度崇尚理性和科学的倾向，使其割裂了人的生命的整全性和统一性，忽视了生命的个体性和非理性，而后者在狄尔泰（Wilhelm Dilthey）及其弟子看来是生命最为根本的属性。狄尔泰把 1770—1800 年的德意志运动（deutsche Bewegung）视为通向德意志精神、寻求真正的德意志文化的道路。在这条道路上，人的使命是探求更为整全的生命。德国浪漫派诗人诺瓦利斯（Novalis）认为，对事物进行冰冷的理性解剖无法深入其核心和本质，只有以艺术和美学的方式，才能联结生命与自然、生命与生命。狄尔泰同样反对理性主义的野蛮，不过，他的反抗超越了传统浪漫主义诉诸宗教或诗化世界的旧路径，他从科学理论的角度出发，将对生命的体验和理解作为一条新的浪漫主义之路[①]，建立了精神科学。在狄尔泰的精神科学思想基础上，其弟子如诺尔（Herman Nohl）、斯普朗格（Eduard Spranger）、利特（Theodor Litt）以及其他后继者如弗利特纳（Wilhelm Flitner）、维

---

① 黄小洲．狄尔泰的新浪漫主义美学论纲 [J]. 山东大学学报（哲学社会科学版），2023（2）：173–184.

尼格（Erich Weniger）等进一步发展了具有德国特色的精神科学教育学或称人文主义教育学，其在20世纪20—60年代（纳粹统治时期中断）成为德国教育科学的主导范式。

（一）理论基础：精神科学

作为生命哲学的代表人物，狄尔泰把“生命”视为一种统一的、具有整体性的存在。他指出，“我们必须从生命的实在开始”[①]。在他看来，自然科学从外部对事物进行分析和解剖，无法真正进入生命的内核；相反，精神科学以活生生的日常经验为基础，从内部寻求精神世界的真正意义。“我们说明（erklären）自然，我们理解（verstehen）精神。”[②]“理解”指向对生命的体验，也就是说，为了理解或把握生命这一基本事实，主体必须通过“体验”来获得内在的感受。由于生命本身处于不断变化之中，人无法完全认识自身生命及其本质，而需要根据自己的经验和理解来洞察生命。这也意味着，生命无法接受理性的审判。狄尔泰的弟子诺尔也强调，只有通过体验，而不是理性的机械测量和分析，才能趋向生命的总体性。[③] 因此，精神科学致力于探索生命的体验、表达和理解。

生命以及生命体验本身是历史性的，人在生命发展过程中逐渐获得体验和成长，因而“历史”是精神科学的重要出发点。在狄尔泰那

① 狄尔泰 . 历史中的意义 [M]. 艾彦，逸飞，译 . 北京：中国城市出版社，2002：87.

② 洪汉鼎 . 诠释学：它的历史和当代发展 [M]. 北京：人民出版社，2001：105.

③ Gretz D. Die deutsche Bewegung：Der Mythos von der ästhetischen Erfindung der Nation[M]. Paderborn：Wilhelm Fink Verlag，2007：41.

里，“教育的目的只能从生命的目的中被推演出来”[①]，因此，只有从生命及其历史出发，我们才能认识到教育的意义和目标。诺尔将狄尔泰的这一观点扩展到教育学中，并把历史性视为教育科学理论建构的基本前提[②]。诺尔认为，要想真正理解教育和教育学，必须深入对教育现实的历史分析。维尼格则进一步阐述了教育科学的历史分析的可能性和局限性，指出教育科学的历史分析需要结合现实问题来揭示教育问题的重要方面。其后，弗利特纳通过历史考察建立了人文主义教育学的第一个普通教育学体系，将教育学理解为一门“解释学的－实用的精神科学”。

人文主义教育学对教育的历史性的重视尤其表现在它对教育现实进行的系统的历史考察上，即要求从历史背景的角度分析每一个教育学问题。人文主义教育学学者认为，历史文本具有重要意义，对这些文本的研究有助于揭示教育思想的历史发展[③]，并能够扩展教育者以及教育研究者的经验，从而促进对当前问题结构要素的理解。不过，这种从历史的角度研究教育现实的教育科学把自己也视为某种历史现象，主张教育理论本身也要经历历史变革，因此，人文主义教育学学者倾向于认为没有普遍有效的、永恒的教育观念、教育风格、教育方法、教育机构等，这些结构要素在特定的历史背景下有不同的表达。

---

① 见本书正文第 3 页。

② 彭正梅 . 德国教育学概观：从启蒙运动到当代 [M]. 北京：北京大学出版社，2011：176.

③ Benner D.Hauptströmungen der Erziehungswissenschaft. Eine Systematik traditioneller und moderner Theorien[M]. 4 Aufl. Weinheim：Beltz，2001：199.

（二）方法论：解释学

人文主义教育学对教育和教育科学历史性的强调，使之自然地指向“历史地理解”的解释学方法。狄尔泰把解释学发展为一种解释文本和理解认识对象的科学方法，是所有精神科学的普遍方法论，也是人文主义教育学的核心方法。这种解释学是一种历史的、解释文本的方法，也就是说，包括历史世界、现实生活世界和人的表达在内的具有历史性的客体都是有待解释的对象。解释学方法并不是一种完全客观或中立的方法，而是与某种历史背景下特定的理论和思想联系在一起的特殊的方法。狄尔泰对解释学的理解可以从其对主客体之间互动的“解释学循环”的描述来认识①。“解释”意味着要进入主体间的交流，使普遍认可的意义得到阐释和理解。“理解”则指向对事物的内涵和意义的把握，认识到某种事物是人类行为的表达。

在施莱尔马赫（Friedrich Schleiermacher）和狄尔泰的影响下，人文主义教育学把理解的解释学方法作为关注的核心。一方面，人文主义教育学强调对学校规章、规则、传记、历史作品等文本的解释；另一方面，人文主义教育学注重通过对历史文本的解释来构想教育现实，从历史重构和解释的角度将教育现实作为一个整体来理解②。诺尔继承了狄尔泰提出的以历史为导向的解释学，认为教育现实只有在其历史发展中才能得到理解，不过，他也认识到历史分析对于解决教育现实问题的局限性。尽管人文主义教育学强调对历史文本和教育现实

① 见本书正文第 13 页。
② 见本书正文第 14—15 页。

的解释，但对教育现实的解释实际上在很大程度上并未受到重视。

维尼格和弗利特纳试图使解释学的历史导向相对化。维尼格更加聚焦教育过程结构的解释学，弗利特纳则发展了参与式的解释学[①]。弗利特纳推动了精神科学教育学成为一门“实用的－解释学的”科学。他提出教育科学的对象即“教育现实”（Erziehungswirklichkeit）或“教育世界”（Erziehungswelt），区分了教育现实的四个层面以及观察人和教育的四重视角：有机生命、文化历史、精神唤醒和人格。在弗利特纳那里，教育学从实践出发并在实践中发挥作用，因此，教育学不仅要理解教育现实，而且要指出如何进行教育行动。弗利特纳所说的“实用的”并不是一种实用主义，相反，他以辩证存在主义思维[②]强调对教育现实的解释，并把解释的对象扩展到更广泛的与教育相关的现象。

人文主义教育学的解释学方法要求研究者在对教育现象进行解释的过程中考虑到客观精神的历史发展，强调对具体教育现实和情境的观察，以及基于理解追溯自己的经验和教育共同体的经验。人文主义教育学借助解释学来捍卫教育和教育科学的相对自主性，即教育学应当作为社会与文化系统中的一个独立部分而发挥作用。教育的自主性意味着教育者对儿童承担着责任，教育科学的自主性意味着只有教育科学才能够把握儿童的教育现实以及与教育相关的生活世界。

---

① 见本书正文第 16—17 页。

② Bollnow O F.Die Stellung Wilhelm Flitners in der Entwicklung der neueren deutschen Pädagogik[J].Zeitschrift für Pädagogik，1991，26：47-57.

（三）主要理论主张：教育关系作为教育科学的出发点

教育和教育科学的自主性必然要求人文主义教育学提出自己的教育原则，其核心是教育关系。狄尔泰曾指出，对教育关系的描述是教育学走向科学的唯一可能的出发点[①]。

关于教育关系的概念，诺尔的论述最具代表性。针对施莱尔马赫提出的最基本的教育问题“老一代究竟想要年青一代做什么”，诺尔坚定地认为，教育不能再从老一代想要年青一代做什么的视角出发，相反，必须构建一种从年青一代的角度出发的教育学。按照诺尔的思考，成人与正在成长的处于自我塑造和自我实现过程中的青少年之间的情感关系是教育的基础。教育关系是一种自发产生的特殊的人际关系，是一种意向性的、互动性的关系。诺尔特别强调，教育关系是成人与儿童和青少年之间自发建立的关系，而不是强迫和操纵的结果。需要指出的是，这种关系是暂时的，将于儿童和青少年成年时结束[②]。在这种关系中，教育者与成长中的一代会建立许多美好的情感，如爱、尊重、信任；此外，教育者必须平衡儿童当前和未来的需求。

在纪念诺尔 100 周年诞辰的演讲中，舒尔茨（Theodor Schulze）指出，教育关系是诺尔教育学思想中最著名的概念，同时也是最具争议性的概念[③]。人文主义教育学被认为是关于教育关系的科学，但从

---

① 彭正梅 . 德国教育学概观：从启蒙运动到当代 [M]. 北京：北京大学出版社，2011：196.

② Nohl H.Die pädagogische Bewegung in Deutschland und ihre Theorie[M]. 7 Aufl. Frankfurt am Main：Schulte-Bulmke，1970：132.

③ Bollnow O F.Der Begriff des pädagogischen Bezugs bei Herman Nohl[J].Zeitschrift für Pädagogik，1981，27（1）：31–37.

诺尔关于教育关系的理论和他人对其的批判来看，教育关系概念尽管强调教育者对成长中的一代所担负的责任，但在一定程度上具有模糊性、理想化、忽视教育的社会功能等问题。人文主义教育学相对忽视教育的社会制度条件和影响，作为其核心概念的"教育关系"也不足以解释复杂的教育现实。尽管人文主义教育学的教育关系理论受到多方面的批判，并在一定程度上已被关于教育互动的研究所超越，但毋庸置疑，教育关系仍然是教育科学领域最基本的研究问题之一。

教育关系和教育现实紧密关联，它们构成了人文主义教育学的思想基础。人文主义教育学不仅致力于解释和理解教育现实，而且与具体的教育行动相关。由此，理论与实践的关系也是人文主义教育学的一个重要特征。人文主义教育学继承了施莱尔马赫对教育理论与实践之间关系的认识，即教育实践始终是理论的基础；理论始终建立在历史和社会现实的基础上，且在实践中发挥作用。教育理论以教育实践为出发点，对教育实践进行解释、评价和改进，这一事实显示了教育科学的科学性和特殊性。维尼格从三个方面对人文主义教育学意义上的科学理论进行了划分：描述实践中潜在理论的第一级理论、包含实践者的机敏的第二级理论、以实践中的理论与实践的关系为对象的第三级理论。维尼格的分类进一步明确了实践高于理论，理论被概念化为解释实践的助手，被用来改善教育现实，为实践提供支持[①]。因此，从行动的角度来说，人文主义教育学是一门为实践服务的实用的行动科学。

---

① 见本书正文第 28—33 页。

二、教育科学的经验研究范式

20 世纪 50 年代末，经验分析研究取得长足发展，使得人文主义教育学在教育科学中的主导地位受到质疑。实际上，早在 20 世纪初，经验研究就已成为影响教育科学发展的元素之一，但在德国大陆教育学传统中一直受到排斥，直到 20 世纪 60 年代至 70 年代中期，经验研究才在德国教育科学研究中受到重视。经验教育科学的发展与经验主义哲学的发展是一致的，它致力于以“经验”为基础来将教育现实的事实转化为教育知识，是一门实证科学。

（一）理论基础：经验主义

经验教育科学源于经验主义。经验主义者主张把经验而不是理性作为认识的基础。以经验为认识基础的科学研究旨在通过对经验事实的归纳来揭示现实如何被构建和运转，主要关注事物在现实世界中如何表现，而不太探讨事物应该如何。经验主义者相信，“遵照一系列可接受的操作与报告数据的规则，人类的研究可以按照与自然研究相同的方式来做”[①]。从历史的角度来看，经验主义主要经历了三个发展阶段：天真的经验主义，主张像自然科学那样探究和证实那些实在的、精确的、有用的客观知识；逻辑经验主义，主张按照逻辑规则，运用

① 麦克米伦，舒马赫．教育研究：基于实证的探究（第 7 版）[M]. 曾天山，组织翻译．北京：教育科学出版社，2013：7.

归纳法验证假设；批判理性主义，主张通过证伪来验证假设或理论的科学性。批判理性主义超越了天真的经验主义和逻辑经验主义，认为归纳推理无法穷尽所有的经验，我们对世界的认识只能建立在假设的基础上，这意味着可证伪性是科学的本质，科学知识是经过证伪而获得的，科学就是不断试误、证伪和向真理逼近的过程。

在教育学领域，经验主义的影响主要体现在以拉伊（Wilhelm A. Lay）和梅伊曼（Ernst Meumann）为代表的实验教育学阶段，以彼得森夫妇（Else Petersen，Peter Petersen）为代表的教育事实研究阶段，以费舍尔（Aloys Fischer）和洛赫纳（Rudolf Lochner）为代表的描述性教育学阶段，以罗特（Heinrich Roth）、布雷钦卡（Wolfgang Brezinka）等为代表的批判理性主义教育科学阶段。

拉伊和梅伊曼认为教育学建立在经验基础之上，因此把实验视为教育科学的基础。在梅伊曼看来，若能对经验进行精确的研究，那么，实验教育学就能揭示教育学的经验基础[①]。彼得森夫妇主张基于经验方法开展对教育事实的研究，费舍尔和洛赫纳强调以生活经验为基础对教育现象进行价值中立的描述。不过，前三个阶段的经验教育科学尝试并未对教育科学产生较大影响，直到20世纪60年代，随着德国教育危机的发生，教育研究发生现实主义转向，这对教育科学产生了重要影响。

1962年7月，罗特发表了题为“教育研究的现实主义转向”的演

---

① 见本书正文第40—41页。

讲，标志着经验研究开始在教育科学中迅速发展以及人文主义教育学主导地位的终结。人文主义教育学受到激烈的批判和反对，批判者声称，人文主义教育学对科学的理解不足，其研究缺乏精确性和可验证性，并缺乏科学理论的反思态度。只有通过以经验为基础的实证研究，教育科学才能“追赶实证主义人文科学和社会科学研究的事实和方法”①。

（二）方法论：经验研究

经验教育科学的出发点也是教育现实，但它不同于人文主义教育学所理解的作为意义背景的教育现实，而是一种具有因果关系的纯粹客观的教育现实。因此，经验教育科学主张以一种全面的、主体间可理解的方式对教育现实进行描述、剖析、验证、解释。教育科学的经验研究主要表现在三个方面：对教育现象做出全面的解释，并为未来发展提供可靠的预测；提供有关目的与手段关系的信息，并为实现某些目的选择合适的手段；认识可能的教育目标和规范，检验它们与其他目标和规范的一致性，并对实现目标的结果和意义进行评估，必要时提供改进实践的建议②。

在经验分析的意义上，教育科学的中心任务就是通过对规律的陈述尽可能地接近教育实践的本质。为了尽可能全面和真实地把握教育

① Keckeisen W.Kritische Erziehungswissenschaft[M]// Lenzen D, Mollenhauer K.Enzyklopaedie Erziehungswissenschaft. 1：Theorien und Grundbegriffe der Erziehung und Bildung.Stuttgart：Klett-Cotta，1983：124.

② Lehner H.Einführung in die empirisch-analytische Erziehungswissenschaft. Wissenschaftsbegriff, Aufgaben und Werturteilsproblematik[M].Bad Heilbrunn：Klinkhardt，1994：175.

现实，经验教育科学强调对事实的解释，而不是对其意义的理解。一些经验教育科学学者如罗特和蒂尔施（Hans Thiersch）也意识到，需要在经验研究与解释学之间建立关联。早期的经验教育科学研究大多是描述性的分析，发展到后来，经验教育科学研究形成了多种方法混合运用的多样化趋势。其中，问卷调查和访谈、结构化调查、测试、观察研究、教育实验、统计调查、预测计算等方法都是较早就开始使用的方法，它们一直沿用下来并得到改进。

经验教育科学研究最显著的特点是在进行研究时不涉及价值判断，这一点在洛赫纳和布雷钦卡等学者那里都得到强调。经验教育科学研究把与教育相关的价值观和规范性目标等问题排除在研究过程之外，因为规范性陈述在经验主义者看来不属于科学领域。不过，必须承认的是，纯粹的经验主义很难付诸实践。例如，如何选择分析对象？观察和描述哪些内容？研究过程中的这一系列问题事实上都潜在地受历史背景和认识论的影响，因此，理论分析在经验分析方法中也占有一席之地。还有一点需要指出的是，对教育事实的全面解释离不开与教育事实相关的社会学和心理学现象，在这一点上，人文主义教育学所宣称的教育科学的相对独立性需要重新加以思考。

（三）主要理论主张：寻求教育的因果关系

经验教育科学运用的实验研究和实证研究都不仅仅是陈述具体事实，而且试图推导出一般因果关系，即教育领域的规律，从而提出规律性的陈述。实验教育学强调运用观察和实验的方法探究教育实践中特定现象的成因；教育事实研究通过观察和描述获取信息，并对信息进行因果关系方面的阐释；描述性教育学致力于揭示构成教育领域话语的事实内容，对问题进行归纳和解释，并建立一个理论模型。传统的经验教育科学以教育事实为基础，试图通过观察、实验、描述和解释推演出一般规律。

以布雷钦卡为代表的批判理性主义教育科学主张教育科学是以目的和原因分析为导向的科学。布雷钦卡指出，"目的－手段关系才是能够确定教育科学对象并区别其核心问题和边缘问题的最富有成效的视角"①。在布雷钦卡看来，"所谓教育，是指人通过它试图从某种角度不断改善另一些人的心理素质结构，或者使他们获得各种重要能力和防止不良倾向产生的行为"②。按照这一定义，教育是人对他人的有计划的、有目的的社会行动，因此，对教育行动进行经验研究的经验教育科学被视为经验的社会科学③。当然，布雷钦卡也指出，教育科学研究的对象是多方面的，不仅包括教育行动，还包括处于文化情境中的人以及这种文化的具体组成部分④。基于这种对教育和教育科学的认识，布雷钦卡提出把目的与手段之间的关系作为教育科学研究的核心主题。也就是说，只有在涉及目的与手段关系的现实中，教育行动才会发生。人们在教育行动中期望目的的达成，因此教育科学最关注的

---

① Brezinka W. 教育目的、教育手段和教育成功：教育科学体系引论 [M]. 彭正梅，译 . 上海：华东师范大学出版社，2008：9.

② 布雷岑卡 . 教育学知识的哲学：分析、批判、建议 [J]. 李其龙，译 . 华东师范大学学报（教育科学版），1995（4）：1–14.

③ 彭正梅 . 德国教育学概观：从启蒙运动到当代 [M]. 北京：北京大学出版社，2011：219.

④ 同① 5–6.

是教育行动成功或失败的原因和条件。由此，布雷钦卡指出教育科学研究的三个任务：对研究对象的事实进行描述和组织，获得一套有关用什么手段来达到由某一目的所规定的效果的陈述系统，进行关于检验教育陈述、规范与现实的关系、规范与规范之间关系的批判①。

布雷钦卡试图建立以“目的与手段关系”为核心的经验教育科学体系，并将其分为理论教育科学和教育史学。布雷钦卡把经验教育科学视为真正的教育科学，在他看来，传统的教育理论是实践理论，而非科学理论。但他也没有否认其他形式的教育学，主张以教育哲学和实践教育学来补充经验教育科学。然而，布雷钦卡对这三种形式进行划分的合理性并未得到证明。武尔夫认为，三者之间过于紧密地相互依存，且教育科学实际上被赋予更高的地位，这使得布雷钦卡的设想与其目标发生错位。②

批判理性主义教育科学在德国的兴起表明，人们对知识的实证兴趣逐渐增强。以价值中立、寻求因果关系为基本特征的经验科学，要求教育科学研究者不带价值判断和情感地对教育现象进行分析性的认识，通过精确的、可证伪的语言来描述教育事实，客观地分析其目的和原因。但是，这种按照严格的科学方法论原则寻求因果关系的教育科学束缚了教育研究者的视野，容易使人陷入一种事实崇拜的虚妄之中。随着 20 世纪 70 年代德国教育科学批判转向的出现，理性主义教育科学与批判教育科学之间出现争论。

---

① Brezinka W. 教育目的、教育手段和教育成功：教育科学体系引论 [M]. 彭正梅，译 . 上海：华东师范大学出版社，2008：10–24.

② 见本书正文第 54—56 页。

三、教育科学的批判理论范式

20世纪60年代，批判教育科学开始发展，到60年代末，批判理论成为德国教育学中最重要的概念。批判教育科学的出现受到学生运动和批判理论的促发，但更为直接的原因是其代表人物对人文主义教育学的回应和批判。实际上，按照德国教育学的发展逻辑，批判教育科学是德国人文主义教育学发展的批判转向[①]。批判教育科学的开拓者莫伦豪尔（Klaus Mollenhauer）指出，“第二次世界大战后的时代表明，人文主义教育学对构成教育现实的关系的澄清能力非常有限”[②]。这一方面是指人文主义教育学缺乏对教育过程的经验验证，对教育现实的解释存在局限，容易走向唯心主义和非科学，这一点尤其被经验教育科学所批判；另一方面，人文主义教育学缺乏对历史和文化的批判性反思，其对代表特定社会阶级意识形态的文化的解释缺乏解释学的批判性。批判教育科学打破了人文主义教育学和经验教育科学的传统，强调教育的社会性和历史性，致力于成为一门为了实践、通过实践、在实践中不断进行自我反思和批判的教育实践的科学[③]。

（一）理论基础：批判理论

批判理论产生于20世纪20年代，经历了不同的历史阶段和理论

---

① 彭正梅. 德国教育学概观：从启蒙运动到当代 [M]. 北京：北京大学出版社，2011：242.

② Mollenhauer K.Erziehung und Emanzipation: Polemische Skizzen[M].München：Juventa Verlag，1968：9.

③ 见本书正文第95页。

转向，发展了对“批判”的不同理解。面对20世纪人类生存的焦虑和文化危机，法兰克福学派的批判理论在与现代性的对抗中进行批判和否定，以寻求人类存在的合法性和真正意义。法兰克福学派的代表人物霍克海默（Max Horkheimer）区分了传统理论与批判理论，在他看来，相较于传统理论，批判理论不仅分析现状，而且试图克服或超越现状。法兰克福学派的社会批判是一种文化批判，特别是一种意识形态批判。霍克海默说道：“今天，每个社会阶层的意识都有可能受到意识形态的限制和腐蚀，不管它在自己所处的境况中是多么专心于真理。”[①] 批判理论把否定性理性视为获得解放的唯一途径。马尔库塞（Herbert Marcuse）提出了肯定性理性和否定性理性两种理性，并强调后者才是理性的根本特征。在霍克海默和阿多诺（Theodor Adorno）看来，启蒙走向了其反面，只有通过否定性理性，才能把人从“被管理的世界”中解放出来。

“批判”和“解放”是批判理论的核心，“解放”意味着摆脱工具理性，而以否定性理性为取向。法兰克福学派的第一代理论家如霍克海默、阿多诺、弗洛姆（Erich Fromm）等通过批判和否定的哲学推动了批判理论的发展。20世纪60年代，批判理论的发展遭遇困境，哈贝马斯（Jürgen Habermas）作为法兰克福学派第二代理论家的代表，重建了批判的理性基础，提出主体间自由交往的理论。批判理论发展了一系列核心概念，如启蒙、解放、批判、社会、交往、理论/实践等，它们都为批判教育科学奠定了基础。

---

① 霍克海默．批判理论[M]．李小兵，等译．重庆：重庆出版社，1989：228.

与批判理论一样，批判教育科学也关注人的解放，特别是青少年的自我实现。批判教育科学尤其强调在社会背景下理解个体的生命和成长，因为只有在社会条件发生变化的情况下，年青一代的成熟和解放才有可能实现。批判教育科学把教育领域作为一个社会领域来构建，从社会的自我形象与现实条件之间的矛盾出发来批判教育现实的不合理性，致力于使“主体从限制其理性以及与理性相关的社会行动的条件中解放出来”[①]。

（二）方法论：意识形态批判

与人文主义教育学和经验教育科学相比，批判教育科学强调建立教育制度与社会结构之间相互依存的关系，并主张考察社会政治和经济结构对教育产生影响的过程。[②]为了解释和批判教育的社会条件，批判教育科学必须运用意识形态批判，对教育领域的目标、理论、机构、方法、媒介等要素加以批判分析，揭示其背后的社会条件和权力关系，然后制定能够改进实践的策略。

意识形态批判在批判教育科学中占有重要地位。批判教育科学的代表人物克拉夫基（Wolfgang Klafki）概括了意识形态批判的主要特点，强调教育研究者必须首先考虑教育机构和媒介的目标的合法性依据[③]；沙勒（Klaus Schaller）认为，必须对课程中的意识形态进行

① Mollenhauer K.Erziehung und Emanzipation：Polemische Skizzen[M].München：Juventa Verlag，1968：11.

② 见本书正文第 134 页。

③ 见本书正文第 135—136 页。

分析和批判；莫伦豪尔从教育过程的角度展开意识形态批判；乌利希（Hermann Ulich）指出，批判教育科学不仅要进行意识形态批判，还要进行自我批判。批判教育科学学者主张意识形态批判的目的是帮助年青一代获得批判意识和批判能力，使他们认识其所在社会秩序的合理性与不合理性，从虚假的意识形态中解放出来。

然而，仅仅进行意识形态批判容易导致解放的意识形态和实践上的空洞。这一点也得到一些批判教育科学学者的思考，如克拉夫基认为，教育科学不仅要进行意识形态批判，而且要提出建设性的主张。他在《作为批判－建构理论的教育科学》一文中指出，教育科学必须整合解释学、经验分析与意识形态批判，才能完成其任务。[①] 莫伦豪尔也强调，批判教育科学的解放的教育学研究范式需要在意识形态批判的基础上整合解释学与经验研究。在他看来，解释学不能仅仅是一种理解的过程，而且必须与经验研究相结合，在理解中加以批判，这就需要把被解释的事物置于整个社会背景中，将其主观上的合理性与社会现实中的客观可能性相结合。

（三）主要理论主张：以“批判－解放”为目的的教育理论

批判教育科学学者不仅主张对教育领域中不合理的社会结构进行意识形态批判，而且致力于构建一种批判的教育理论。莫伦豪尔、布

---

① Klafki W.Erziehungswissenschaft als kritisch-konstruktive Theorie：Hermeneutik-Empirie-Ideologiekritik[J]. Zeitschrift für Pädagogik，1971，17（3）：351–385.

兰卡茨（Herwig Blankertz）、克拉夫基等学者对批判教育科学理论的发展发挥了开创性和奠基性的作用，特别是莫伦豪尔，没有人能够像莫伦豪尔那样与“批判－解放的教育科学”如此紧密相连[①]。批判教育科学学者致力于构建以“批判－解放”为目的的教育理论，认为若想达到人的自我实现，必须培养批判的能力以及交往和对话的能力。

布兰卡茨指出，自主和解放是教育理论认识的中心对象[②]。作为一种批判性的理论，批判教育科学把认识的重点转向社会现实，在社会科学意义上讨论作为社会行动的教育。在哈贝马斯解放的兴趣的影响下，莫伦豪尔把人的成年状态和解放的兴趣作为教育科学建构的基本原则。莫伦豪尔对批判教育科学理论的构建源于对人文主义教育学的批判，这种批判在本质上回到了德国传统的教化（Bildung）概念。在他看来，德国古典教化概念本身就蕴含理性思考的批判精神，但在人文主义教育学发展过程中被抛弃了，因为它将教育的社会影响排除在外。他揭示了青少年所面临的社会困境，强调冲突的教育功能，主张通过政治教育培养年青一代的理性精神。

与人文主义教育学相比，批判教育科学把教育理解为一种集体的社会的过程，主张通过培养交往和对话能力来推动社会更好地发展。莫伦豪尔指出，教育理论是建立在教育行动基础上的，这种行动总是与环境和人际关系的形成相关。因此，他把教育理论视为一种交

---

① Aßmann A.Klaus Mollenhauer（1928–1998）：Kritisch-emanzipatorische Pädagogik, Studentenbewegung und die deutsche Nachkriegserziehungswissenschaft[M]//Kenklies K.Person und Pädagogik：Systematische und historische Zugänge zu einem Problemfeld.Bad Heilbrunn：Klinkhardt, 2013：133–179.

② 见本书正文第 138—144 页。

往行为理论，使其既描述教育现实，又指向解放的兴趣。莫伦豪尔认为，教育场域意味着一种意义关联，教育行动的每一个参与者都可以参与意义关联的创造，每个人的参与都具有建构性。[①] 也就是说，教育过程中的意义只有在教育者与受教育者的共同行动中才能形成。鉴于此，莫伦豪尔从交往行为理论、符号互动理论和话语理论出发展开教育过程批判。他对教育作为交往行为、教育作为互动和教育作为再生产的阐释揭示了批判教育理论的重要元素。根据莫伦豪尔的观点，教育具有社会再生产的功能，教育场域是一个生产的场所，是一个能够带来更好的社会存在的可能性的场所。因此，莫伦豪尔强调把教育作为一种自由的交往过程，在话语和互动中从不对称的交往转向对称的交往。在这个过程中，受教育者能够通过参与对话进行批判和自我决定，而不是接受某种确定的规范，从而在自由的教育过程中获得迈向解放和自由的能力。

四、哈贝马斯的三种认识兴趣与教育科学的三种范式

哈贝马斯对批判理论的发展做出了重大贡献，并对教育科学产生了巨大的影响。20 世纪 60 年代，在法兰克福学派理论的发展陷入瓶颈之际，哈贝马斯对哲学进行了重新定位。在他看来，以往哲学家对现代性的反思和批判没有跳出意识哲学思维，因此必须进行哲学范式

---

① Mollenhauer K.Theorien zum Erziehungsprozeß：Zur Einführung in erziehungswissenschaftliche Fragestellungen[M].München：Juventa Verlag，1972：28–29.

的转变，从社会交往行为理论的视角进行现代性批判，从主体哲学转向主体间性哲学。他强调认识兴趣是主体间共享的价值取向，提出了三种不同的认识兴趣，即技术的兴趣、实践的兴趣和解放的兴趣，使工具理性、实践理性和批判理性之间建立起紧密关联。尽管三种兴趣学说本身并无独创性，带有强烈的康德的理性批判色彩，但它以独特的方式从人类学的视角将人类的认识与兴趣结合起来。哈贝马斯把兴趣看作认识和实践的基础，这种兴趣不是一种基于功利目的而对事物产生某种欲望的经验性的兴趣，而是一种超越功利目的的理性的兴趣。在他看来，所有形式的知识探索都应被视为由三种人类的基本兴趣所驱动。在教育领域，这三种认识兴趣为我们全面地审视教育结构提供了关键支撑。

（一）哈贝马斯的三种认识兴趣

技术的兴趣指人类通过使用工具和技术对自然现象获得因果性的认识，从而管理或控制自然以获得物质上的满足，使成果或技术产品尽可能地被广泛使用。技术的兴趣与经验分析的研究范式相对应。经验分析科学通常以经验和观察为基础，主张通过实验和演绎等方法得出对事物规律性的认识。也就是说，技术的兴趣产生工具性知识，这种知识在经过假设、根据假设做出预测、通过观察和实验来检验假设等过程之后，被确定为某种客观知识。因此，技术的兴趣促使人们寻求“知道做什么”（knowing what）的客观答案。

实践的兴趣产生于主体间相互交往的实践，它通过人与人之间的交往和理解以及人与环境之间的互动，把历史和解释纳入意义形成的过程之中。实践的兴趣关注交往和互动，旨在经由语言和话语来达成参与者之间的共同理解，“维护和扩大可能的、指明行为方向的谅解的主体通性，并以这种兴趣来揭示现实”[①]。从根本上讲，实践的兴趣源于这样的事实，即人类社会需要其成员相互理解、共享和合作来实现社会再生产。实践的兴趣驱动人们寻求“知道怎么做”（knowing how）或“应该做什么”的答案，并在特定的情境中做出恰当的理解、采取正确的行动。

解放的兴趣构建了一种具有批判性和变革性的认识，它旨在把人从阻碍理性发展的依赖中解放出来，在自我反思的基础上赋予每一个参与互动的个体进行理性批判的力量，从而达到主体间的自由交往。解放的兴趣从“自我反思”出发，“自我反思能把主体从依附于对象化的力量中解放出来”[②]。哈贝马斯认为，人应当为了个人自由而批判自身，并且为了他人的自由而行动。自我反思能够帮助人们认识到自我生命成长过程中的决定性因素及其意识形态，并通过批判和改变社会条件来推动社会和个体迈向自由和公正。解放的兴趣驱动人们寻求“知道为什么做”（knowing why）的答案，在批判和行动中实现主体间的自由交往。

这三种认识兴趣分别对应三种研究范式，即经验分析的研究范式、解释学的研究范式和批判的研究范式，每种研究范式都由其独特

① 哈贝马斯 . 作为“意识形态”的技术与科学 [M]. 李黎，郭官义，译 . 上海：学林出版社，1999：128.

② 同① 129.

的认识兴趣所决定，每种兴趣又分别形成人类社会生活的核心要素：劳动、语言和权力[①]。在这三种兴趣中，哈贝马斯尤为强调解放的兴趣。在他看来，所有批判性的科学都是由解放的兴趣所引导。技术的兴趣和实践的兴趣根植于行动和经验的结构中，与社会的构成条件密切相关，而解放的兴趣则将理论认识与生活实践联系起来[②]。因此，技术的兴趣和实践的兴趣必须与解放的兴趣相结合才能发挥作用。

（二）三种认识兴趣对应三种教育科学范式

按照哈贝马斯提出的三种认识兴趣，教育科学有经验分析、历史－解释和批判－解放三种研究范式，分别对应于经验教育科学、人文主义教育学和批判教育科学。这种对应关系可以用下表[③]来呈现。

表　三种认识兴趣与三种教育科学范式的对应

	技术的兴趣	实践的兴趣	解放的兴趣
行动领域	劳动	交往	统治
行动类型	工具性的行动	交往行为	被系统扭曲的交往
关注点	控制	主体间的沟通	解放、自主和负责
学科类别	经验分析学科	历史－解释学的学科	批判取向的学科
方法论	规律性假设的检验	解释学方法	自我反思
教育学范式	经验教育科学	人文主义教育学	批判教育科学

每种范式在自身的领域内都具有唯一合法性，且都不能被另一种

① Zurn C F.Jürgen Habermas[M]// Schrift A D.Poststructuralism and critical theory's second generation. London：Routledge，2014：197-226.

② 见本书正文第 107—109 页。

③ 该表引自：彭正梅 . 德国教育学概观：从启蒙运动到当代 [M]. 北京：北京大学出版社，2011：278. 有所调整。

范式所取代[①]。哈贝马斯提出的三种认识兴趣为教育科学的发展提供了基本的认识和行动指南。布雷钦卡、莫伦豪尔和克拉夫基等学者都试图将三种研究范式和三种教育科学范式整合起来，以从方法论上捍卫教育学的学科身份。

莫伦豪尔的教育学贡献尤其显著地体现了三种认识兴趣在教育学领域的应用，他也被称为“教育学界的哈贝马斯”。作为德国批判教育科学的开拓者，莫伦豪尔把哈贝马斯解放的兴趣引入教育学，推动德国教育科学从人文主义教育学蜕变为一门现代的社会科学[②]。莫伦豪尔主张，解放的教育学的研究范式应当是经验研究和解释学的结合，这就把哈贝马斯的三种认识兴趣整合起来。在他看来，教育学研究的对象与人的交往经验之间存在必然关联。自然科学试图控制自然，却不改变自然。而教育学却寻求对教育的改变，主体只有在交往共同体中才能不断获得对教育的新理解。因此，对教育学理论来说，首要的是在事实中建构意义的交往关联，而不是对经验数据的搜集。从解放的兴趣出发，莫伦豪尔把经验分析、解释学与批判理论三种研究范式结合起来，通过意识形态批判和交往理性批判来帮助年青一代迈向解放和自主。

布雷钦卡的教育学构想同样试图将三种认识兴趣整合起来。他构建了以“目的与手段关系”为核心的经验教育科学体系，并以教育哲学和实践教育学来补充经验教育科学。在他看来，这三类体系都有各

① 见本书正文第 149 页。

② 温克勒 . 批判教育学的概念 [J]. 陈泺翔，译 . 华东师范大学学报（教育科学版），2017（4）：62–73，136.

自的目的和形式，不能相互替代或将其随意混合在一起。也就是说，经验教育科学必须与教育哲学和实践教育学相联系。克拉夫基也主张将解释学、经验分析与意识形态批判三种教育科学的方法论综合起来，并提出批判－建构的教育科学模式。

（三）三种认识兴趣对教育科学发展的意义和局限

首先，三种认识兴趣使教育研究者认识到单一方法的合法界限。对于人文主义教育学运用的解释学方法，批判教育科学学者认为，它无法客观解释教育过程中究竟发生了什么；对于经验教育科学运用的经验分析方法，批判教育科学学者认为，它忽视了价值和意义的问题，其强调的价值中立并不实际。无论是强调理解的解释学方法，还是主张价值中立的经验分析方法，都缺乏反思性和批判性，容易消解主体的自我反思，从而导致人的解放受到遮蔽和压制。如果仅从解释学的角度来把握教育现实，那么，教育现实背后的意识形态问题就容易被遮蔽，因为语言符号有时存在模糊性和局限性，并依赖社会权力；如果仅从经验分析的角度来把握教育现实，那么，教育者与儿童之间的关系将会走向一种技术认知模式，使教育者成为主体，而儿童只是教育行动的对象；如果仅从意识形态批判的角度来把握教育现实，那么，教育学将容易陷入一种解放的意识形态，混淆教育与政治的界限，忽视如何在实践中真正致力于人的解放。因此，只有将三种范式联系起来，使解释学和经验研究都致力于把个体从异化和物化中解放出来，教育的目的才有可能实现。

其次，三种认识兴趣引导教育科学以行动为导向。每种方法论都具有行动导向，也就是说，遵循某种理论方法的人期望这种方法在行动中得到应用，因此，三种认识兴趣所展现的方法论问题也反映了理论与实践的关系问题。强调解释学的人文主义教育学视自身为一种关于教育实践和为了教育实践的理论，以及一门行动科学；强调经验研究的经验教育科学主张教育学的现实主义转向，通过经验、观察和逻辑论证来解释教育事实，并寻求对教育领域的社会现实的影响；强调意识形态批判的批判教育科学试图阐明教育的社会条件，并致力于运用批判的武器改变不合理的社会条件。尽管三种教育科学范式在教育行动的兴趣方面存在不同程度的不足，但都把教育行动的兴趣置于重要位置，以期改进实践。

最后，三种认识兴趣推动教育科学扎根于交往行为运作的生活世界。哈贝马斯提出了“系统－生活世界”二分结构，批判工具理性对生活世界的侵入，扰乱了交往行为的生态。受哈贝马斯认识兴趣的影响，莫伦豪尔指出，“教育必须被理解为一种交往行为，其目标是建立一种能够获得话语能力的交往结构”[①]。莫伦豪尔把话语作为教育过程的基本层面。在生活世界中，意义的理解不仅发生在同时代人的交往中，而且指代际传承与交往。但是，在实际的交往过程中，对话受到压制或淡化，家庭、学校、企业等环境中都存在被压制的弱势一方。然而，只有在以语言为媒介的人际关系中，儿童才能获得一种“社会

① Mollenhauer K.Theorien zum Erziehungsprozeß：Zur Einführung in erziehungswissenschaftliche Fragestellungen[M].München：Juventa Verlag，1972：68.

地位”[①]。这就要求一种平等的对话，只有当交往双方都把对方视为有意识的、有尊严的、独立的个体，而不是被操纵的客体时，交往活动中的互动者才有可能达成某种理解。理论如果缺乏对生活世界的参照，将是虚幻和无根据的，因此，教育科学必须扎根于生活世界。

三种认识兴趣为教育学提供了基本的研究范式和对教育现实的研究视角，但一些批判者认为，三者实际上难以形成互相补充的和谐整体。如本纳（Dietrich Benner）指出："我们既不严格地在批判理性主义、反思性解释学、意识形态批判、实践理论和超验批判怀疑中做一选择，又不能坚持这样的意见：教育科学理论发展与研究可以基于把经验分析、历史解释学和意识形态批判方法和思想简化为相互补充的做法上。因此五种批判形式既不可作选择性的提取，又不可作为互补性的凑合。它们中的任何一派都不能（在互补模式意义上）合在一起产生一个和谐的整体。”[②]因为在本纳看来，哈贝马斯的认识兴趣消解了艺术、教育和宗教的兴趣。

不过，尽管哈贝马斯的认识兴趣带有理想化色彩，但这种纲领性的划分为各种知识探索领域提供了自然科学与人文科学相融合的视野。在大力主张教育实证研究的今天，三种认识兴趣和教育科学范式提醒我们警惕唯实证的教条主义的教育科学研究。教育科学需要多种研究范式，无论是经验分析方法，还是以批判为导向的解释学方法，都只能在有限的范围内对复杂的教育现实进行考察，在自我反思和批

---

① Mollenhauer K.Theorien zum Erziehungsprozeß：Zur Einführung in erziehungswissenschaftliche Fragestellungen[M].München：Juventa Verlag，1972：63.

② 转引自：彭正梅.现代西方教育哲学的历史考察[M].上海：上海教育出版社，2010：182–183.

判中慢慢接近人的解放的理想。

在教育科学思潮多元发展和教育学知识日益多样化的趋势下，武尔夫先生提出一种历史教育人类学的立场。这种立场主张从人类学的角度出发，在历史和社会决定的背景下探索具体的人，以包容开放的态度和跨学科的视野超越不同知识形式之间的界限，为教育思想和行动寻找新的维度。显然，对于同处于人类世时代的中国来说，中国特色的教育科学需要建构自己的理论基础、基本概念和基本方法，同时需要多种而不是一种范式的教育科学。

本书译自武尔夫先生的德文著作《教育科学的理论和概念》（*Theorien und Konzepte der Erziehungswissenschaft*）的英文简译本《教育科学：解释学、经验研究和批判理论》（*Educational Science：Hermeneutics，Empirical Research，Critical Theory*）。

这里特别感谢武尔夫先生授权翻译本书，感谢彭正梅教授给予我宝贵的机会负责本书的翻译工作，感谢教育科学出版社方檀香老师和翁绮睿老师的支持！本书在 2019 年彭正梅教授为教育博士生开设的课程“教育的科学”中作为教材使用，张丽萍（原书第 1—8 页、第 138—155 页）、温辉（原书第 9—39 页）、郑莹（原书第 40—64 页）、孙丹（原书第 65—88 页）、赵巍（原书第 89—115 页）、米南（原书第 116—137 页）几位博士进行了最初的翻译工作，之后由我对全书进行补译和校对，陈丽莎博士也参与了校对工作。由于水平有限，译文难免存在错误，恳请读者指正！

温辉

2024 年 8 月 25 日

中文版序

这本书已经被翻译为多种语言，现在也在中国出版，我感到非常高兴。近年来，这本书的现实意义进一步增强。在人类世中，地球上几乎没有一个地方不是由人类决定甚至塑造的。鉴于人类世的复杂性，本书中对教育和教育科学的复杂理解变得越来越重要。人们期待教育和教育科学能够为克服我们时代的重大问题做出贡献，这些问题包括：气候变化、生物多样性的破坏、污染和不可再生资源的消耗。我们需要的是减少对自然和他人的暴力。在第一种情况下，需要可持续发展教育；在第二种情况下，需要和平教育。可持续发展教育与和平教育是人类面临的重大挑战。

应对这些挑战，需要在人类与自然之间建立一种新的关系。发展这种关系是教育的一项重要任务。其意义变得十分显著，例如，当人类对可再生原材料的需求超过地球对这些资源的供应和再生能力时，“地球超载日”的到来就会越来越早，对地球系统的临界点和地球发展极限的研究也会越来越多。鉴于这种情况，我们需要新的自然、世界和人类形象，教育领域的创新研究有助于这些新形象的塑造。

为了对这一转折点做出必要的贡献，需要对当前的教育状况进行人类学研究。从方法论的角度来看，这意味着教育科学是由对解释学、经验主义和批判理论这三种科学范式的互补研究构成的。解释学范式包括历史和比较研究以及对教育过程的解释，其重点是师生之间以及学生之间的关系。理论与实践之间关系的质量以及面向未来的教学行动的改进是反复出现的主题。教育科学的第二种构成范式由定性和定量研究决定。从认识论的角度看，理解经验性知识的有效性，评估不同研究方法的效用和方法论局限性，是非常重要的。最后，还需要对社会和地球发展的根本问题进行研究。受从马克思主义中产生的法兰克福学派的“批判理论”的启发，我们还必须参照教育科学的解释学和经验主义范式，对人类世的社会、文化和教育条件加以考察和改进。通过这种方式，我们试图为全纳的、公平的、高质量的和终身的教育做出贡献。

克里斯托夫·武尔夫

2024 年夏

目 录

第二部分

经验教育科学

第二部分

经验教育科学

第三部分

批判教育科学

第三部分

批判教育科学

引　言

20 世纪七八十年代，教育科学成为欧洲人文社会科学领域获得最充分发展的学科之一。在德国，通过借鉴经验传统以及法兰克福学派的批判理论，教育科学的发展超越了在此之前一直占主导地位的人文主义传统。这些新的发展为教育科学带来了新的、更为复杂的维度。随着教育系统的发展，以及机构对教育科学学科本身的认可，这些维度得到了进一步扩展。

毫无疑问，在德国，教育科学是在以人文主义教育学、经验教育科学和法兰克福学派的批判理论为代表的三种传统相融合时，才发展成为一门自主的科学学科。这三种不同的范式在形成教育科学方面起着如此重要的作用，因此，有必要对它们的融合进行重构和批判性反思。这就是本书的目的。通过考察教育科学的主要思潮，我们力求帮助读者概览这一领域的不同方法。

在讨论教育科学内部的各种争论时，我们也将提出与其他人文社会科学领域的敏感性议题相关的问题。每个研究领域都有自己的范式、独特的问题以及与话语或实践的独特关系。每种思潮都以独特的方式探索了这些维度。因此，指出每种范式的特殊性，能够让我们反思教育科学的构成和身份。

这一考察面向两类受众。第一，本研究面向教育学专业的学生。他们有必要从一开始就以一种明确的立场进入教育科学，掌握对该学科进行批判性评价所需的理论基础。事实上，对某一特定领域内在的理论和争论有所认识是形成个人观点和确定某种特定立场的前提。第二，本研究面向的另一类潜在受众是专业人员，即各种学术机构和校外机构的教师和教育工作者。这本书可以激发他们反思自己在教育活动中所运用的理论概念，并检验其有效性和局限性。这样的评价需要面对许多与理解教育实践相关的新观点。

如今可能特别适合开展类似的工作，对教育科学的地位进行反思。教育学理论之前的（相对封闭的）参考体系在过去的几十年中已经受到了不同角度的质疑。一个明显的转变已经发生：不同的思潮取代了传统的立场。但是事情并没有就此停止。教育科学领域已经越来越多地面临各种显然超出其传统范围的理论立场和争论。在这一过程中，教育科学失去了其统一性。不同的思潮得到发展，表现出越来越显著的对立。我们越是强烈地卷入这些争论，就越没有足够的空间去客观、批判地审视整个领域。这些对立在今天当然还没有完全消失。但我们正处于某种澄清的过程中，以证明我们所尝试的考察是合理的。这种考察的主要目的之一是指出在不同立场的对立中出现的理论和概念的优点及缺点。本书提供了一种全面的考察，从中我们可以构想教育科学的未来发展。

教育的历史性（及其与理解教育实践的相关性）最初是在人文

主义教育学的框架内被提出的。这与人们认识到解释学方法对于理解教育现实的重要性并行不悖，有助于强调教育和教育科学保持相对于其他社会制度的自主性的必要性。教育最初按照一种教育关系的模式被构想为成人与青少年之间的互动过程。人文主义教育学将自身定义为一种为了教育的教育理论。

后来，经验教育科学试图通过提出对教育实践意义的看法来使自身区别于人文主义教育学。的确，只有在实践中并通过实践，才有可能区分教育的各个领域，从而确定在每个领域中应当发现什么。这种区分对于明确教育实践的局限性也是必要的。在经验教育科学的发展过程中，它逐渐摆脱了实证主义理想中的某种简单和狭隘的路径，从以实证主义的科学理想为导向发展到以批判理性主义的标准为导向。批判理性主义的科学理论构成大多数经验研究的思想框架。

批判教育科学是在法兰克福学派的批判理论提出之后出现的。遵循法兰克福学派的理论原则，批判教育科学强调教育和教育科学的社会特征。其目的是将教育聚焦于人的解放。解放的条件之一是对教育所发生的社会环境进行批判性的意识形态分析。这种分析要求重新发现年轻人所必须摆脱的依赖关系。实现这样的教育过程，必须有一种建设性的指导，这就是批判教育理论的使命。

本研究的目的是，通过展示教育科学在德国的起源、发展阶段或具有连贯性的标志性事件，来汇集教育科学中基本争论形成的重要进程。这一简短的描述表明，本研究所描述的观点不仅涉及教育理论或概念，而且涉及构成社会科学基础的不同思潮。人文主义教育学、经验教育科学和批判教育科学之间的争论反映了解释学、批判理性主义与批判理论之间的争论。因此，如果没有注意到理解争论的背景和基础所需要的更为广泛的科学和理论论证，就无法对教育科学引发的讨论进行考察。

本研究不仅向读者展示一系列教育学问题，而且涉及贯穿社会科学并对理解教育科学来说非常必要的主要理论主题。本研究总的目的是：表明不同观点之间的区分源于库恩提出的范式概念，这种区分并没有构成一种形式化的分类体系。库恩认为，范式就是一个科学共同体的成员所共享的要素总和。它不仅意味着科学认识和社会认识的某种统一，而且意味着在规范、方法论概念的内容以及完成科学任务的程序和工具方面的一致性。

范式概念有助于我们在各种科学系统的矛盾中明确和更好地理解那些最重要的科学参照和调节系统。范式理论也为我们的研究提供了一个重要的起点。它阐明了教育科学不同思潮各自的体系，因此具有很大的启发性价值。但是，我们不能期望它能解释从一种科学思潮到另一种科学思潮的转变，以及这种转变所基于的社会发展背景。而且，范式概念也没有提供足够的标准来判断这些理论的说服力。

对教育科学的不同理论和概念的考察应遵循哪些准则？我们如何与当前教育科学中的不同立场保持批判性的距离？一种可能有效的方法是列出每种范式内在的批判。正如这里所指出的那样，每种思潮都不是一种教义，而是绝对非线性思维过程的结果。每种思潮内部的讨论都可以作为批判性评价的基础。此外，不同思潮之间的争论使我们发现了每种理论中的盲点和断裂点。基于以下问题，我们可以寻找到对不同科学思潮进行批判性评价的第三个基础：每种思潮如何理解理论与实践之间的联系？不同的范式如何促进教育实践？这个方向的研究表明，可以从对不同科学思潮的分析中得出行动导向的批判教育科学的观点。这些观点必须被系统化并加以完善，以揭示它们如何推动教育科学和教育本身的发展。

这种对教育科学的认识是必要的，因为对教育的日常现实的意识已经不再足以指导教育行动。教育发展所处的社会和制度环境显然影响着教育过程，并且过于复杂。只有当为教育实践做准备的学生以及积极的教师或教育者都意识到教育实践的条件时，一种同时具有批判性和建设性的教育行动才是可能的。

第一部分

人文主义教育学

德国人文主义教育学于20世纪20年代在施莱尔马赫和狄尔泰的作品的基础上开始发展。1933年，人文主义教育学成为德国大学和教育学院中的一门学科。其中最重要的代表人物有诺尔、利特、斯普朗格、弗利特纳和维尼格。

纳粹主义失败后，人文主义的视角一直延续到20世纪60年代。因此，1933年前的第一个时期的人文主义教育学与战后复兴时期的人文主义教育学之间存在连续性（Klafki，1971）。博尔诺夫（Otto Friedrich Bollnow）、布莱特（Fritz Blätter）、布洛克曼（Elisabeth Blochmann）、盖斯勒（Hans-Georg Geissler）、温克（Hans Wenke）保持与传承了这一传统，他们都对战后教育科学的发展产生了深远影响。以诺尔和维尼格为代表的哥廷根学派培养了一大批教育学者（如克拉夫基、布兰卡茨、莫伦豪尔）。为了理解这些学者，我们有必要回顾人文主义教育学先驱的作品。

在20世纪的头几十年里，人文主义教育学在狄尔泰特别是诺尔的作品中出现。狄尔泰和诺尔都反对规范教育。他们的共同志向是把教育科学的目标建立在普遍的准则和价值观之上。人文主义教育学试图将自身与赫尔巴特（Johann F. Herbart）及其弟子［包括齐勒（Tuiskon Ziller）、莱因（Wilhelm Rein）、斯托伊（Karl V. Stoy）、韦茨（Theodor Waitz）］的学说区分开来。如果我们认为教育学属于人文科学（作为一门研究特殊性的科学，与只关注普遍性的自然科学相区别），那么就不可能再让实践依赖于一般的伦理规范。“教育的目的只能从生命的目的中被推演出来。但是，伦理学并不能普遍有效地确定生命的目的”（Dilthey，1958，vol. VI，p. 57）。人文主义教育学的构成要素的特点，可以在这种对教育目的进行明确定义（狄尔泰反对规范教育学）的基础上，得到清晰的展现。从这种“生命”优先于伦理的论证中，狄尔泰推论出，教育实践优先于道德话语。对于人文主义教育学来说，这种对理论与实践之间关系的定义（支持实践高于理论）仍然是有效的。由此得出，一切教育科学和理论知识的基础始终是教育现实和教育实践。因此，教育科学首先不是一门理论学科，而是一门实践学科。

因此，教育科学是一种**为了实践的实践理论**，它从实践问题中推导出其目的。教育实践强调历史性，因而被视为社会实践的一部分。对于教育科学来说，这意味着放弃以同样的方式和同样的标准来看待所有时代和民族的倾向，而传统教育学仍是如此。今天的教育科学承认其历史有效性是相对的，并根据情况而变化。

这门新的教育科学把自己塑造成一种为实践服务的历史 – 社会实践理论，希望促进实践的改进。这种自我肯定以批判的形式出现。这门新的教育科学将自身定义为一个负责教育儿童的独立体系，它反对其他试图干预这种教育的社会力量，如教会、经济或国家。如果人文主义教育学无法彻底贯彻这一主张，也无法充分捍卫其自主性，那是因为它还没有依靠一种批判的社会理论来证明其意图的价值。

人文主义教育学关注教育实践并认识到其历史性，关注每一种教育情境的特殊性。在狄尔泰看来，作为一门人文科学，教育学的任务在于理解每种历史－社会现实的独特性和个体性，认识影响其统一性的规律，并明确支配其发展的目标和规则。

因此，人文主义教育学的出发点是在一般背景下认识到特殊条件，并通过研究为教育实践寻求支持。它所运用的解释学方法（旨在理解特定情况）使得对具体的和独特的实践条件做出令人满意的解释成为可能。

人文主义教育学还发展了一种教育关系理论，并将这种人际关系视为教育的“核心”。它着重分析了青少年与成人之间不平衡的关系状况，其最终目的是促进青少年的自我实现。

在这一部分，我们将围绕对教育科学产生了深远影响的人文主义教育理论的一些要素进行深入探讨。

一、教育和教育科学的历史性

在诺尔、弗里希森－科勒（Max Frischeisen-Köhler）和雷奇温（Georg Reichwein）将狄尔泰关于人文科学的历史性的思想引入教育科学之后，认识教育的历史性就成为人文主义教育学进行自我理解的核心前提。其后的一代人如斯普朗格、利特、维尼格和弗利特纳以及他们的弟子都在作品中提及了这一点。

狄尔泰曾多次强调历史的重要性，例如他写道：

人只能在历史中认识自己，而不是通过内省。我们都在历史中寻找自己……人文科学及其理论的意义在于，它们帮助我们看到我们在这个世界上必须做什么，我们可以对自己做什么，我们可以对这个世界做什么，世界又可以对我们做什么。（Dilthey，1958，vol. V，p. 279 ff.）

狄尔泰解释了只有通过对历史的解释，人才能确证自己；只有通过考察每一个历史现象的终结性和事实性，人才能认识到自己的历史性。只有借助于面向历史和理解人类历史的人文科学，人才能实现自我定义。由于历史和人文科学对于帮助人认识自身和行动具有重要性，历史在人的教化中显然具有决定性作用，并在人文主义教育学中占据核心地位。

狄尔泰在《论普通教育科学的可能性》（The Possibility of a Universal Educational Science）中提出了关于历史的作用的观点，他在文中写道：

教育的目的只能从生命的目的中被推演出来。但是，伦理学并不能普遍有效地确定生命的目的。然而，生命的目的可以在道德史中被找到。人是什么，人欲求什么，是人在生命发展过程中逐渐学习到的；但这永远无法被一劳永逸地、普遍地定义。人只能获得从存在的最深层次上产生的生命体验。但是，每一次阐明人类生命的终极意义的尝试都是历史性的。从来没有一种道德体系得到普遍认可。（Dilthey，1958，vol. VI，p. 57）

狄尔泰认为，只有从“生命”及其历史出发，才能认识到教育的意义和目标。伦理学和道德史只能提供部分认识。对狄尔泰来说，不考虑自身历史性的永恒认识似乎是不可能的。教育的意义和目标只能从历史的角度，结合特定的历史 – 社会情境得到界定。我们不能误解这一发现，即不可能找到最终解释，因而也不可能找到经典的合理性问题的答案。狄尔泰没有把自己置于绝对的相对主义和历史主义的观点之中。相反，狄尔泰的目标应该被理解为寻求一种包括教育在内的科学理论，这种理论将避免普遍价值的偏见，以及绝对的相对主义和决定主义。

狄尔泰对教育的历史性的认识与施莱尔马赫的观点是一致的。人文主义教育学的所有代表人物都重申了这一点，但他们得出了不同的结论，他们探究这一问题的方法也各不相同。诺尔显然接受了狄尔泰的观点，他写道：

> 教育现实具有实际教育体验和教育客观化物的双重性，认识论必须建立在这种有充分根据的现象之上。由此引出教育学史的意义：它并不是教育方面的奇闻轶事的集合，也不是对伟大教育学家的有趣介绍，而是呈现教育学思想在其发展过程中的连续性。如果我们拒绝停留在总是有限的个人经验上，并且对教育学的历史进行系统的分析，我们就可以理解教育学的发展、教育究竟是什么。（Nohl，1949a，p. 119）

对于诺尔和人文主义教育学来说，对教育现实的历史性的认识意味着在教育体系内部以及在教育科学的概念、方法和手段中考察教育过程的历史性。根据诺尔的观点，教育的结构要素关系到当前和未来，必须从对教育现实的历史分析中推演出来。

这种历史分析的基础是对获得教育行动能力的直接兴趣，因此也是对达成历史中的教育实践的直接兴趣。

然而，诺尔显然没有回答以下问题：对教育现实的历史分析能够如何以及在多大程度上决定并用以评价实际教育行动目标的针对性以及人们在教育现实中遇到的教育形式和过程？

教育和教育科学的历史性在诺尔的作品中真的是一以贯之的吗？对他来说，“教育学思想的连续性”必须从具有教育目的的历史分析中得出。由于这种历史分析被展示为一种不变的结论而不是一种历史性的理解，这不会导致一种超历史的本体性的宏大堆积吗？诺尔的一些表述使人联想到柏拉图的思想，这进一步加深了人们对诺尔教育的历史性概念的怀疑。例如，这些表述提到了一种“普遍的教育理论”，该理论“对所有时代和民族都是适用的，因为它证明了教育生活的可变结构，并使其所有历史形式都可以被理解和运用”（Nohl，1949a，p. 120 ff.）。

这些论述表明：诺尔当然认为自己继承了狄尔泰的传统，特别是在教育的历史性方面，但他没有从根本上对其进行整合。维尼格、利特和弗利特纳指出，诺尔没有对教育现实的历史相对性进行全面的考察。在这个问题上，维尼格比诺尔走得更远。我们在这里转向他的作品有三个原因：第一，维尼格始终关注教育中的历史性问题；第二，早在 1926 年，他就致力于解决历史教学领域中有关教学的历史性的各方面问题；第三，在维尼格的作品中，人文主义教育学走向了“时代的终结”，正如其纪念作品的标题所指出的那样（Dahmer and Klafki，1968）。

相较于其他当代教育科学的代表人物，维尼格更加清晰地说明了人文主义历史哲学为教育学及其理论提供的可能性和局限性。他对历史教学的研究是其贡献的最好例证。1926 年，他在教授备选资格论文中谈到历史教学的历史性，而不是历史科学、历史哲学或教育理论，后者只有在处理历史教学史的基础上才会被广泛提及。

他在人文主义教育学框架内关于教育的历史性的结论再次引起了我们的兴趣：

有重要的理由可以证明，试图为历史教学寻找解释学教学法的基础是合理的。所有社会科学的历史化赋予了历史主导地位。根据对这个词的严格定义，它可能作为“一门”社会科学出现，而所有其他的社会科学都将是扩展的历史科学的简单组成部分。此外，历史元素影响了现代人对世界的印象，并深刻地改变了现代人。每一种世界观都是由历史决定的，只有通过历史，才能理解这些世界观的背景。……不仅科学是历史的，而且生命本身也是这一转变过程的一部分。（Weniger，1926，p. 5）

对于维尼格来说，在学校教育中，历史的教育价值还没有被发现。相反，历史仍然只被用于“与其本质无关的功能”。因此，理解历史对教育的意义，让历史为学校和生命结出硕果是非常重要的。此外，教学、历史、生命、世界观和教育都是从其历史的维度来被认识的。他把这种认识与当今的教育问题联系起来。他所期望的不是从这种历史分析中获得对行动的直接支撑，而是教育理论和实践问题的解决方案。尽管维尼格在教育中赋予历史一种非常重要的意义，但他仍然持批判态度。他不断地批判这一历史传统：

> 以历史为前提来建立理论并使之合法化的批判，难免会被指责为腐朽的。它以历史维度审视当下，从而区别于单纯的进步思想。但这种批判也反对那种天真的信念，即认为历史行动本身就是道德的，它会使积极的行动成为可能。（Dahmer and Klafki, 1968, p. 59）

维尼格正确地认识到，教育科学必须从教育的历史性出发，并且，对具有历史性的教育背景进行历史－解释学分析，可以揭示教育问题的重要方面。但这种观点并不能准确地解释教育科学的具体任务。根据人文主义教育学，教育科学是一门自主的学科。基于其历史背景，教育科学必须在理论和实践上明确自己的问题和目标。由于对这些问题和目标的确定具有历史性，历史分析中无法出现诺尔所设想的那种超历史的、对当下具有约束力的普通教育学思想。

对教育现实的历史分析只有在揭示了当代问题和难题的历史时，才能有助于解决教育问题。因此教育科学的自主性和特殊性也恰恰体现在其与自身历史的关系中。维尼格试图通过解释历史、教育问题及其解决方案之间的关系来回答历史解释学在教育中的意义问题。

今天，教育的历史性原则得到了承认。若要理解一定历史时间条件下的教育，重点就需要放在教育的政治、经济和社会条件以及思想史上。这种延伸以及对教育史兴趣的部分重新定位，是因为教育科学不仅首先被理解为一门解释学科学，而且是一门社会科学。对教育科学的这种理解要求在整体社会系统的背景下分析教育、教学和培训的具体社会条件。此外，对社会化过程的分析只有在社会转型的历史背景下才能被理解并且必须辅之以社会－历史和比较的视角：

历史教育学从人的建构的角度来审视社会化过程的事实条件。它的目的是从未来的视角重建历史主体，它对教育科学、教育者以及社会化和教育机构的自我定义和功能运作进行批判，它分析人在所处历史背景下发展的实际条件和理想条件。（Hermann，1971，p. 285）

因此，教育科学作为一门历史社会科学的方案已经成型。该方案为教育社会史提供了许多新视角，从长远来看，这些视角的发展可以促使我们对教育和教育科学的历史性有一种新的、更加现实的理解。为了实施这一方案，必须将历史教育学设想为一种对社会化的历史探索。它必须对教育系统各机构中的社会化过程进行分析。

这一方案的拟定将有助于把教育科学引向一种历史视角，从而扭转迄今为止人们有时对教育史和教育科学的历史维度缺乏兴趣的现象。

二、解释学对教育科学的意义

人文主义教育学对历史所具有的核心意义的认识，很自然地使人们关注到解释学[①]的重要性。在施莱尔马赫、德罗伊森（Johann Droysen）和狄尔泰作品的影响下，人文主义教育学开始关注理解的解释学过程。这一思潮的研究对象首先包括语言的源起，有关语言的理论和过去的教育计划都必须得到阐释。这一思潮还研究教育现实及其当代问题。对历史背景的了解，有助于更好地理解教育现实。历史分析旨在提出系统的方案，从而解决当前的问题。在这种情况下，现实有时被理解为已经成为历史的现实，有时被视为“教育行动”的实践领域。这两种运用解释学的框架如今依然有效。

施莱尔马赫对解释学的理解影响了人文主义教育学。在他看来，仅仅把解释学的核心视为解释规则是不够的。他还对这些解释规则的依据提出了疑问。施莱尔马赫认识到，一部作品仅凭历史性并不能保证其被理解。

施莱尔马赫将那些致力于理解或产生误解的主体作为自己研究的中心。因为在他看来，研究的“正确对象”不是对他人生命表达的理解，而正是对他人生命表达的不理解。与伽达默尔（Hans-Georg Gadamer）相反，施莱尔马赫的贡献在于，他认识到认识主体的相对性。自此，人们认识到个体的主观性在理解过程中的重要性。

狄尔泰从未明确说明他所说的解释学的含义。他主要从两个方面来使用这一术语。一方面，解释学被认为是在社会实践中赋予人

① 解释学可以被定义为一种对作为某种文化象征元素的符号进行解释的理论。

文科学科学地位的一种方式。因此，狄尔泰先后谈到了人文科学的自我反思、人文科学导论、人文科学的解释学以及生命解释学。另一方面，他将解释学理解为“解释文本的科学”。在这两种情况下，解释学都要转化主客体之间的辩证关系。这一过程被描述为“解释学循环”（hermeneutic circle）。这意味着主体与客体之间存在着互动关系：

理解意味着体验，只有当理解从狭隘和主观的体验层面进入整体和普遍的体验层面时，体验才变成生命体验。为了更好地理解某种特性，我们需要一定的系统性知识，这独立于对每个生命统一体的鲜活理解。对无机自然的认识是通过构建一门科学实现的，在这门科学中，下层总是不依赖于对其进行的论证。在人文科学中，一切从一开始就是通过主客体之间的相互依存关系而被确立的。（Dilthey，1958，vol. VII，p. 143）

因此，假设与进步之间存在一种自由的关联。新事物并非形式上产生于假设。理解从已被理解的事物转移到新事物，并且能从新事物中被推演出来。内在的关系是在再生和重新体验的可能性中被定义的。一旦理解脱离了文字和意义的领域，不再探寻符号的含义，而是寻求生命表征更加深刻的内涵，就成为一种普遍的方法。（Dilthey，1958，vol. VII，p. 234）

这些论述说明了狄尔泰的解释学理解的一些基本特征，其重点是生命表达中的“模仿”（mimesis，imitation，reproduction）概念。生命表达是在主客体交互的解释学循环意义上构建解释学概念的方法论的一部分。

狄尔泰试图将解释学发展为一种解释文本和理解精神客观化物（机构、学校项目、教育行动等）的科学，人文主义教育学进一步推进了这一尝试。在此背景下，解释学与人文主义教育学之间存在着双重联系。

一方面，人文主义教育学注重将历史文本作为科学知识的来源。这些文本包含法令、学校规章、传记以及“伟大”教育家的作品。这些都被视为解释的对象。解释的目的是根据其最初的背景以及历史影响来把握它们的意义。只要这些文本构成了精神客观化物的集合，对它们的解释就有望促进对客观化的理解。这些精神客观化物可以从其起源时期一直适用到今天。

另一方面，作为精神客观化物的结果，教育现实可以通过对历史文本的解释来加以构建。这一过程在人文主义教育学中被称为“教育现实的解释学”。

教育现实是源于生命历史的现实。要理解教育现实，就必须考虑它的历史和在其中发挥作用的当代力量：

一种普遍有效的教育理论的真正出发点是教育现实是一个有意义的整体这样一个事实。教育实践以生命及其要求和理想为发展基础，是一系列贡献的集合；它贯穿历史，在组织、机构和法律中被构建，并且同时在这些过程、这些目的和手段以及理论的理念和方法中被定义。这是庞大的客观事实，它独立于在其中行动的各个主体。它受自身理念的支配，在每一个适当的教育行动中发挥效用，

但只有在历史发展中才能得到理解。（Nohl，1949a，p. 119）

人文主义教育学以历史重构和解释为目标，旨在将教育现实作为一个重要的整体来理解。诺尔和人文主义教育学对教育现实的理解都是通过历史分析和对意义的直接理解（解释学过程的两项任务）来实现的。

当考虑到教育科学领域中解释学的这两个构成维度时，我们可能会注意到，人文主义教育学优先考虑对历史文本的解释，而不是根据解释学研究转向对教育现实的解释。这两个维度之间的联结本可以促进教育科学在认识论、方法论和实践领域的发展。例如，它可以表明，每一项研究（即使是实证研究）和每一种对教育现实的解释在多大程度上取决于社会－历史条件。最重要的是，这可以防止人文主义教育学走某些捷径。但是，相较于对历史文本进行解释的（解释学）研究领域，这种应用于教育现实的（解释学）研究领域在很大程度上仍未得到探索。

诺尔被视为人文主义教育学的奠基人，他的兴趣集中于探索教育的历史性以及为了更好地理解教育现实而进行历史研究的必要性。他深知历史分析在解决当代教育现实问题上的局限性。从根本上说，历史视角只能用于质疑当前教育现实的某些元素。相应的分析可以揭示教育现实的演变和变化。然而，作为历史分析，它无法改变教育现实的元素。

在这一点上，我们尤其需要注意人文主义教育学所产生的一个问题：教育学一直声称的相对于其他学科如神学、政治学或经济学等的自主性和特殊性与其自身的历史也是相悖的。从那种认为历史分析在解决当前教育难题上具有局限性的认识中，同时也产生了教育学的可能性，即在认识到教育现实的历史性的同时，将这种教育现实理解为原则上面向未来且可以通过行动来改变的现实。

后来，维尼格的作品将教育学的相对自主性和理论与实践的关系联系起来。事实上，维尼格尝试将人文主义教育学从其与历史导向的解释学的共生关系中解放出来。弗利特纳也试图将历史研究对教育科学的意义相对化。这也促使他将历史解释学研究与实用的解释学研究进行区分。尽管这两种研究的导向不同，或与历史有关，或与教育现实有关，但它们都是针对规范的和抽象的体系来构建的。弗利特纳倾向于对教育现实采取实用的－解释学的理解。只有当人们理解任何特定历史情境中存在的存在性和规范性元素时，这一点才可能实现。弗利特纳清楚地看到，对教育现实和教育行动的每一种教育学阐释都取决于一种规范性立场。他超越了诺尔和维尼格对解释学的理解，进一步要求教育科学融入“参与式反思”（engaged reflection）中：

对责任的反思是教育科学的核心问题。它总结了实践界公认有效的所有原则。它把这些原则汇集成一种普遍的教育学思想，对其进行评价，将其与一般的科学反思联系起来，对教育学原则加以批判，并将错误最小化。由此看来，教育科学显然是一种参与式的科学。（Flitner，1963，p. 18）

在人文主义教育学的框架中，基于对教育现实在历史性和实用性方面的解释，教育科学被认为是参与到社会实践之中的科学。这一维度后来在法兰克福学派的影响下得到进一步发展。

因此，我们可以注意到，解释学的理解从以历史为导向的解释学（诺尔）发展到更加关注教育过程结构的解释学（维尼格），最终发展为参与式的解释学（弗利特纳）。

在介绍了对人文主义教育学的解释学理解之后，现在让我们回到解释学分析的两项任务——对与教育科学相关的（历史）文本的历史解释学考察和对教育现实的解释学研究——之间的区别，这两项任务在今天仍然很重要。目前，相关的讨论已取得一定进展，并产生了更多具有洞察力的观点。

随着历史教育学的演变，今天的讨论已经转向了历史－解释学方法论。我们在这里引用一个例子：克拉夫基（Klafki，1971）通过对洪堡的一个文本的解释，令人信服地展示了解释学研究的工作方法。历史解释学研究关注的是“对有价值的文献进行理性的、有条理且可验证的评估”。在克拉夫基典范式的解释过程中，他对历史方法论的某些标准进行了区分：

• 识别到每种解释条件的特定性以及揭示解释所隐含的假设的必然性。

• 基于文本对前理解进行持续验证。

  ☆ 根据写作背景对文本进行批判；

  ☆ 考虑解释的语义方面。

• 通过对不同解释立场的评价，指出文本中所表达的立场的具体特征。

☆ 考虑文本内外的语境；

☆ 在解释中对文本句法进行恰当评价；

☆ 清晰地说明文本的逻辑架构。

• 验证文本的论证结构。

☆ 作为解释学循环的文本解释。

• 考虑解释的意识形态视角。（Klafki，1976，p. 134 ff.）

最后，需要指出的是，在伽达默尔的哲学（Gadamer，1989）和作品所引发的解释学争论（Apel et al.，1971）的背景下，一场新的讨论产生了（Kamper，1974；Bubner，1975；Uhle，1976），这场讨论更清晰地定义了解释学对于人类理解自身与世界的意义这一问题。

三、教育和教育科学的自主性

人文主义教育学从两个方面考察了教育和教育科学的相对自主性。一方面，施莱尔马赫、狄尔泰和诺尔尝试将教育科学从其对伦理学和心理学的依赖当中解放出来，并由此将其定义为一门独特且自主的学科。另一方面，为了维护儿童相对于成人和影响教育的社会群体的权利，必须界定教育学的相对自主性。在这一点上，狄尔泰、诺尔、斯普朗格、利特、维尼格和弗利特纳的看法与支持儿童、青少年与教育的自主性和特殊性的历史运动相一致。

这一运动可以追溯到卢梭，他认为教育是一种独特且自主的社会实践，是人权的必要补充。在《爱弥儿》中，卢梭指出，我们不了解童年的意义。我们越往前走，就越是听从错误的观点。他解释道，最明智的人明白成人应该知道什么。但即使是最明智的人，也没有考虑到儿童会得到什么。他们总是在儿童身上寻找成人，而不是去想儿童在成年之前是怎样的。（在新兴资产阶级解放运动的大背景下）卢梭主张将儿童的特殊权利作为教育的出发点，这对 18—20 世纪的传统教育学产生了重要影响，“首先是裴斯泰洛齐、福禄贝尔、第斯多惠、赫尔德、洪堡、赫尔巴特和施莱尔马赫，然后是 19 世纪末尼采、拉加德（Paul de Lagarde）、朗贝恩（Julius Langbehn）的文化批判，最后是与之密切相关的青年运动和改革教育学运动，即乡村教育之家运动（Landerziehungsheimbewegung）、艺术教育运动（Kunsterziehungsbewegung）、‘儿童本位教育学’、‘体验和自发教育学’、劳作学校原则和社区学校运动、成人教育运动、现代社会教育学运动，包括改革青少年刑罚制度的努力”（Klafki，1971，p. 359）。

正是在这种仍然影响着人文主义教育学的新教育学运动的背景下，我们必须理解“相对自主性”的概念。维尼格尤为关注这一在当下仍有意义的问题。他于 20 世纪二三十年代出版的文集的标题（《理论与实践中教育的自主性和特殊性》，*The Autonomy and Specificity of Education in Theory and in Practice*）已经表明了相应的兴趣。在文集中，维尼格尝试从两个方面定义“教育学的自主性和特殊性”。一方面，他强调其他科学无法把握儿童和青少年的教育现实以及与教育相关的生活世界；另一方面，他的研究转向教育实践对教育理论的依赖，他认为发展教育理论是教育科学的中心任务之一；不参考理论，实践就无法恰当地达到其目的。

> 教育学作为一门社会科学具有双重起源：一方面，其他科学无法充分考虑教育现实并理解其实现的条件；另一方面，纯粹的实践无法以明确和适当的方式完成教育学任务，因为每种实践都需要理论保障。但是，教育行为的自主性并不取决于教育学作为一门科学的地位，它只是受到这种地位的促进或阻碍。（Weniger，1953，p. 76）

此外，教育的自主性之所以得到承认，是由于**教育者对其所负责的人负有责任**。教师必须捍卫儿童的未来，而不是放任他们在“当下的需求”中迷失。教师还必须考虑儿童的过去，而不是国家、文化、家庭和工作不断提出的当下和面向未来的要求。最后，维尼格指出，“生活中的各种力量想要把青年当作一种后继力量，也就是说，让青年成为服务者、公职人员。它们要求具有身体和灵魂的人。教育的自主性就是要敢于坚持人的自由、人内在的特性及其意志”。当谈论“教育学的自主性”时，我们会提到“确保教育行动的可能性的条件”，目的在于允许教育行动发生。但是，“它的特殊性和自主性只能是极其相对的”（Weniger，1953，p. 154 ff.）。

维尼格关于教育行动相对自主性的论证主要基于教育实践，但也提及相应的制度条件。“因此，自主性既指制度的自主性，也指行为和教育行动的自主性。”（Weniger，1953，p. 76）在人文主义教育学中，教育行动与教育行动理论之间存在密切联系，而其他科学在理解教育任务方面存在局限性，因此，对相对自主性的要求也扩展到作为一门科学、一门教育科学的教育学。

由于教育学对儿童和青少年自我实现的权利肩负着责任，它必须提醒教师认识到他们对学生承担的道德责任。从这一历史性的规范主张出发，人文主义教育学和教育科学概念获得了与社会现实和主导的社会力量保持**批判性距离**的可能性。这样，对世界的教育批判就会成为可能。此处的“世界”应被理解为教育的制度性条件、个人生活的条件和总体的社会条件。考虑到其发生的历史背景，教育科学有义务帮助学生达到自我实现。当现有的条件不利于自我实现时，教育批判必须提醒舆论注意应然和实然之间存在的张力。然而，人文主义教育学很难将这种批判作为对教育的自我批判，特别是在对教育的过程和制度的批判方面。只有在个别情况下，这种批判才成为对由社会或有社会影响力的群体向教育提出的义务的批判。因此，人文主义教育学仍然没有解释清楚教育与权力、经济、政治之间的关系。

意识形态批判运动进一步反对那些想要限制教育和教育科学相对自主性的力量。这种批判帮助教育学去解释其对于社会的理解。意识形态批判与教育理论的结合使人们得以思考教育和教育科学的相对自主性，但这仍有待于付诸实践。因为教育科学的自主性也体现在教育科学的组织和制度化方面。

如何组织教育科学并将其制度化，从而使其独立于各种社会群体呢？当人们考虑到教育科学与其他社会科学之间的关联时，解决教育科学相对自主性的问题就显得愈发迫切。人文主义教育学以与实践具体相关的问题为基础，证明了自身相对于其他科学的独立性。鉴于教育领域中的跨学科研究逐渐增多，如今的教育科学可以被视为一门与其他社会科学合作开展社会发展所需的研究的学科。教育科学通常被视为一门综合科学，它致力于理解与教育相关的众多知识事实，并将其整合到社会科学框架之中。

四、教育关系

诺尔想要发展一种以教育者与受教育者之间的个人关系为中心的教育理论。他的思考源于狄尔泰已经提出的观点，即教育科学只能以描述教育者与学生的关系为出发点。狄尔泰、诺尔和整个人文主义教育学都将教育关系视为教育的核心。诺尔关于教育关系的理论思考如下。

1. 诺尔将教育的基础描述为“成人与正在成长的、处于自我塑造和自我实现中的青少年之间的情感关系”（Nohl，1949a，p. 134）。因此，教育是在“为了青少年”而存在的关系的背景下发生的。在这种关系中，教育者必须捍卫青少年个人发展的权利和自我实现的权利，反对不合理的外部干预。最重要的是，教育者要帮助青少年应对社会的合理要求。由此，我们必须承担对青少年的教育责任，让他们的利益得到保障。

2. 为了青少年而存在的教育行动会产生一系列结果，这些结果只能在现存的历史社会背景中被定义，而不能一劳永逸地加以确定。

3. 教育关系是互动性的，成年教育者与青少年之间有着一种交互关系。学生不仅是教育干预的对象，而且被视为主体，其在教育关系中采取行动的权利得到承认。教育者与青少年之间的关系是一种信任关系。

4. 教育关系不能是强迫和操纵的产物。如果教育关系是成功的，那么它一定是自发的。进一步来讲，教育关系在一定程度上是由同情或反感等现象来定义的，这些现象在某种程度上是非理性的。

5. 青少年与成人之间的联系构成了教育关系，这种关系从一开始就必须被理解为暂时的。“教育关系是由双方共同努力形成的，最终将变得多余并消失。”（Nohl，1949a，p. 135 ff.）只有当学生学会逐渐摆脱与成人之间的教育关系时，教育的目的，也就是获得自主行动的能力，才能实现。处理好这种联结的需求与要求独立性的需求之间的张力，需要一种特殊的风格和能力，即“机敏”（tact, the know-how）。

6. 成人为青少年所做的教育努力不具有明确导向。一方面，教育者必须考察青少年的现状、兴趣以及当前的需求；另一方面，教育者的努力必须集中在挖掘“青少年尚未被发现的可能性”上。诺尔写道：“教育者与儿童之间的关系总是双重的：爱他的现实，爱他的目标，即儿童的理想，二者并非彼此分离的而是统一的；要让儿童以自身可能实现的东西为基础，在心中点燃一种更高的生命，并表现出与这种生命相关的行动，这不是仅仅为了表现，而是因为人的生命是由此而得以实现的。”（Nohl，1949a，p. 135 ff.）

人文主义教育学的这些观念至今仍然影响着教育科学。鉴于这种“教育关系”模式是在教育科学框架内解释“教育关系”的最初尝试之一，即使对教育互动的研究在一定程度上已经超越了这一主题，它仍然值得关注。如何在整个教育科学中评估这种教育关系？要回答这个问题，就必须讨论某些观点，我们将根据这些观点来评价人文科学中的教育关系理论。

1.“教育关系”这一概念意味着成人与青少年之间的信任。这是教育的一个重要条件。正如社会心理学和交往理论所强调的那样，积极的氛围对于互动和交流来说是必要的。对人际互动各个要素的理解，在很大程度上取决于人际关系层面。

2. 人文主义教育学没有考虑到这样一个事实，即成人与青少年对教育关系的调节，不能仅由他们的意愿来决定，相反，他们的关系还在很大程度上取决于他们在学校或家庭等机构中所扮演的角色。因此，教育情境是不对称的，它限制了教师和学生交往的可能性。教师对学生拥有的社会和制度权力必然影响师生关系。因此教师必须履行某些他们常常无法绕过去的职责，例如对学生的表现进行评价。这些职责有悖于诺尔的主张，即我们必须“为了儿童”而行动，并且考虑到儿童在学校制度以及可能影响其发展的社会因素方面的利益。

3. 人文主义教育学的理论没有得到科学验证。人文主义教育学未能帮助教师将其模式付诸实践。它没有考虑到教育的历史和社会条件。

4. “教育关系”概念的提出基于一种适用于一对一或小组关系的模式，但这种模式不能适用于学校教育结构。因为这种教育模式不是基于大量学生所处的教育情境，而是基于家庭教师与学生之间的教育情境和小家庭的教育情境。

5. 我们不禁要问，这种教育模式是否专属于中产阶级。或许中产阶级对成人与青少年之间的某种行为存有期待，而这一点在其他的社会阶层中也许并不重要。

6. 人们也许还会质疑这样一个事实，即这种教育观点仅仅是从一种深厚的（和动态的）人际关系的角度来考虑的。成人与青少年之间不那么富有同情心的关系也可能提供给青少年自我实现的可能性。人文主义教育学所描述的“教育关系”存在使青少年产生依赖性的风险，使得他们无法独立自主。

7. 在这种模式中，教育的意义和目的被过于单一地置于个人的教育关系之上。关系“本身”成为教育的目的。但教育过程还受到其他因素的影响。例如，教育的社会功能也必须被考虑。由此，我们看到了对“教育关系”的过度投入。因此，教育理论和教育过程的理论只能在对“教育关系”模式的批判性考察中发展起来。

五、教育理论与实践

在对人文主义教育学问题的历史性呈现中，我们已经多次谈到教育和教育科学中的理论与实践之间的关系问题。为了充分理解人文主义教育学是如何认识理论与实践之间关系的，我们来看看赫尔巴特的研究。事实上，他对这一关系的理解构成了施莱尔马赫和狄尔泰思考的基础，也是人文主义教育学思考的基础。

在《普通教育学》中，赫尔巴特基于以下理论来阐述理论与实践的关系。

通过教育想得到什么，教育要达到什么目的，这是由人们对事物的见解决定的（Herbart，1968，p. 28）。我曾要求教育者懂得科学，具有思考力（Herbart，1968，p. 32）。教育学是教育者自身所需要的一门科学，但他们还应掌握传授知识的科学。而在这里，我得立刻承认，不存在“无教学的教育”这个概念（Herbart，1968，p. 33）。人类不断地通过其自身产生的思想范围来教育自己（Herbart，1968，p. 41）。

这几句引文表明，受启蒙运动影响的赫尔巴特从一开始就认为，教育者的根本任务就是借助科学解释思想。这就需要区分“作为科学的教育学”和“作为艺术的教育学”。“作为科学的教育学”关注的是教育的对象、目的及其研究领域——实践。“作为艺术的教育学”关注培养教学的必备技能。“作为科学的教育学”与“作为艺术的教育学”之间的区别相当于以理论为导向的教育学与以实践为导向的教育学之间的区别。二者之间存在一条不易弥合的鸿沟。将二者联系起来成为“教育机敏”的任务。教育者需要在实践中逐渐获得这种机敏。

> 因此，要通过科学来为艺术做准备。只有在行动中，人们才能习得艺术，获得机敏……即使是在行动中，也只有那些先掌握了科学的人，才能习得艺术。（Herbart，1964，vol. 1，p. 127 ff.）

通过这些思考，赫尔巴特将理论确定的教育目标放在首位：

> 如果实践中自然形成的机敏以教育的理论意义为导向，机敏就能同时作为“理论的忠实服务者”和“实践的直接主宰者”，并通过“迅速的判断和决定”，使实践中的具体关系更接近于理论意义上的理想。（Schmied-Kowarzik，1974，p. 144）

因此，在赫尔巴特看来，理论优先于实践。施莱尔马赫则不认同这种将理论凌驾于实践的观点。对他来说，理论与实践的关系是辩证的，教育实践往往占优势地位。教育理论与教育实践在两个层面上相互关联。第一，实践始终是任何理论的基础；第二，理论总是建立在历史－社会现实的基础上，且不放弃其意图的实现。

> 每种理论都需要与事实相联系，没有事实就没有理论。教育理论就是将思辨原则应用于某些既定事实。（Schleiermacher，1965，p. 19）

这样，不参照具体历史－社会条件的教育理论，只会使“我们总是回到这样一个事实，即一种普遍有效的理论是不可能的”

（Schleiermacher，1965，p. 22）。对于承担社会规范和道德要求责任的教育者来说，每种教育实践都需要理论。这样，教育者就可以发展其教育艺术。这种教育责任“建立在一种道德观念之上，这种道德观念是包括教育学在内的整个生活背景的一部分”（Schleiermacher，1965，p. 27）。

从理论上讲，教育学的道德责任受历史条件的影响。通过理论，教育者意识到道德化日益加强的趋势，并能够借此控制教育行动。因此，在施莱尔马赫看来，生活、教育实践和社会实践优先于理论。那么，确定教育实践的发展趋势是谁的任务呢？

> 目前，我们在理论中只能将教育活动作为对儿童的控制或帮助（以及这两个维度的结合）。我们必须把每一刻必须做什么的责任交给生命本身。理论只为在实践中思考得出的良知服务，因为真正的良知还意味着对教育任务复杂性的认识，而这种教育任务总是超越当下的。（Schleiermacher，1965，p. 53）

施莱尔马赫将生活实践中不断增强的道德化视为理所当然，由此简化了理论与实践关系的问题。由于这一假设，以及实践之于理论的优先性，施莱尔马赫无法对社会实践采取批判性立场。而这一立场本可以让他质疑和验证所谓独立于生活的道德观念。这种观点排除了教育作为一门科学对社会实践采取批判性立场的可能性。这种简化在维尼格关于理论与实践关系的作品中也有所体现。

1929 年，维尼格发表了《教育理论与实践》（*Theory and Practice in Education*）一文，这是他关于理论与实践关系的首批科学理论作品之一。在文章中，他直接将自己与利特在《教育思考的本质》（*The Nature of Educational Thinking*）中有关理论与实践关系的讨论联系起来。在维尼格看来，对于理论与实践关系的研究应当帮助我们更好地理解教育行动、其理论和政治条件以及教育的实践成果。作为一门科学的教育学和教育行动导向的科学教育学对学生承担着相同的责任。维尼格的目的在于构建一种包含实践及其发展的教育理论。这种理论是教育实践的结果，并且解释了实践的发展。教育理论以教育实践为出发点，并对教育实践加以解释和确定，这一事实表明了教育科学具有特殊的科学性。对于一门考虑到教育实践问题的教育科学来说，对理论与实践之间的关系进行分类是必要的。

因此，维尼格尝试从三个层面对其理论概念进行区分。

首先，他定义了描述实践中潜在理论的第一级理论。它无法被实践者概念化。在实践者的潜意识中，第一级理论影响着他对教育领域及所完成的任务的认识。这是许多被遗忘的社会化经验的结果。由于它是人们没有意识到的理论，所以很难加以控制。它是"人类理智行为中隐藏的理性、一种召唤的力量和一种一直存在于人的内心的形态"（Weniger，1953，p. 16）。

其次，维尼格推导出包含实践者的机敏的第二级理论。机敏并不总是存在，即便它是潜在的。但人们可以通过努力意识到它，并指出其作为教育行动指南的功能。用维尼格的话来说，它指的是"以某种方式形成的、由实践者支配和使用的一切"，即使它"在直

接效用的意义上不是有意识的”。（Weniger，1953，p. 17）

最后，维尼格提出了以实践中的理论与实践的关系为对象的第三级理论。其目的在于强调教育行动情境中理论与实践的关系。第三级理论以理论与实践关系的基本定义为出发点，旨在澄清和阐明在教育领域中被应用的理论。为此，它必须参照实践，因为理论与实践的关系是这样的：理论依赖于每一种既有实践。“但解释事物的情况并非教育学科学理论的唯一功能，它也处于实践的背景之下。第三级理论在实践中承担着理论的功能，是一种积极的意识，是对实践内在理论的澄清，是一种有意识的预先认识，以及一种隐性的意识获取。作为理论的理论，第三级理论侧重于解释理论与实践之间的关系，它可以自足；当它从远处和高处观察教育领域中正在发生的事件时，它与实践紧密相连，它完全依赖于实践。”（Weniger，1953，p. 19 ff.）

为了正确地理解维尼格思想和人文主义教育学中的理论与实践的关系，我们必须认识到，从这个角度来看，问题的关键在于以理论的形式来构建教育科学理论，而这种理论只有通过不断的合理化才能与直接的教育行动相区别。重要的是，我们要理解，教育经验“实际上总是质疑的结果，也就是理论的结果，即使是不明确的理论”（Weniger，1953，p. 11）。这意味着，为使经验对教育行动产生影响，必须对实践加以理论阐释。这可以从不同层面进行理论阐述。第一级理论（源于教育实践）定义了经验的类型和可能性，这些经验通过实践者被转化为原则、生活规则、惯例和机敏，也就是转化为第二级理论。但由于实践者的经验并不总是由第二级理论所决定，因此，真正的理论必须以令人满意的方式将第一级理论转化为第二级理论。

因此，根据维尼格的观点，教育科学的中心任务之一是使第一级理论与第二级理论相一致。但人们或许会质疑其可能性，因为两级理论之间的差别恰好说明了二者不能相一致：第一级理论无法用语言表达，因此无法与第二级理论进行对比。因为如果第一级理论可以用语言表达，那么两级理论就无法相互区分。

有关教师行为的大量研究表明，教育者倾向于根据确定的理论来行动，但根据其他理论来审视自己的行为。然而，这并没有为判断一种理论或另一种理论的优越性提供标准。为此，我们必须考虑到维尼格的第三级理论——“理论家的理论”。这一理论承担着理论在实践中的功能。它与教育现实直接相连，并通过“前解释”和“后解释”帮助实践者以恰当的方式评价实践。在这一点上，第三级理论比另两级理论更加有效，它与另两级理论共同参与实践，同时又区别于另两级理论。

按照这位“传统”解释学大师的观点，对实践的认识和阐释以通过实践进行的理论性前理解以及随之产生的反思（第三级理论）为基础。由此，维尼格论证了第三级理论的任务是提供“对于理论和实践状态”的解释。所以这一理论扮演了元理论的角色。它为人文主义教育学发展了一个元理论规范体系，其中理论与实践的关系占据核心地位。

维尼格认为，“教育行动，无论是在前面还是在后面，都被嵌入理论之中并受理论的保护。实践包含作为行动条件的理论，并通过被视为行动的结果的理论而成为‘经验’”（Weniger，1953，p. 16）。这里明确强调了实践之于理论的优先性。理论被概念化为解释实践的助手，也就是说，理论主要作为改善教育现实及其内在教育行动的辅助。因此，正如这句引文所说，理论从前面和后面为实践提供支持。

早在加芬克尔（Harold Garfinkel）和布迪厄（Pierre Bourdieu）之前，维尼格就运用理论与实践之间的循环模式解释了理论与实践的关系。他意识到，只有当这种循环的连续性受到质疑时，科学理论的必要性才会显现出来。只要实践及其规范目标未受到质疑，而是在传统思想和解决问题模式的框架中被讨论，那么只需要找到实践的理论，就可以内在地指导和改善实践。但是，如果既有实践及其规范和目标受到质疑，理论因此不能再与既有实践相关联，那么理论必须借助新的判断标准，尝试评价实践并赋予其新的形式。换句话说，这意味着理论必须首先具有批判功能，其次具有建设性功能。否则，它无法避免仅仅被既有实践认可的风险。只有当传统教育实践在批判理论的影响下被视为资产阶级社会及其固有的权力关系的一部分时，教育实践才失去了以往不容置疑的有效性。这时人们才探讨教育实践在维系当前社会关系方面的作用。面对也对教育实践产生影响的社会关系的支配性力量，出现了在批判理论和以批判理论为导向的教育科学框架内对理论进行“重估”的转向，尽管教育实践在社会实践中的优先性已经得到了承认。

总结与展望

1. 受人文科学影响的教育学（人文主义教育学）反对教育学传统的规范立场，主张教育和教育科学必须考虑其领域的历史性。这一发展的目的在于摆脱那种认为教育科学可以独立于既有的历史－社会条件的观念。这种观点在今天仍然适用。以思想史为基础对历史加以的理解，必须辅之以对思想社会化的社会－历史性理解。

2. 对于人文主义教育学来说，教育现实是社会现实的一部分。然而，根据当代的规范，人文主义教育学对社会结构的理解还相当不成熟。人文主义教育学仍然缺少一种发展成熟的社会理论，因而无法在社会实践背景下定义教育任务。批判理论后来弥补了这一空白。

3. 人文主义教育学将自己定义为一种关于教育实践和为了教育实践的理论。它将自己视为一门行动科学。由此，它对教育行动有了一定的理解。在某些层面上，这种理解仍然有效。

4. 人文主义教育学提出的“教育关系”概念有助于教育互动理论在当今教育中的发展。但是这一模式的局限性在于，它仅从人文主义教育学自身考虑教育情境，从而把这种关系理想化了。

5. 对教育的历史性以及每种教育实践的特殊性和独特性的考虑带来一种解释学视角，这种视角被广泛应用于对历史文本的解释。被人文主义教育学认为具有核心功能的教育现实研究，几乎没有用到这种解释学视角。直到最近，它才被系统地提及。今天，我们认为，解释学方法仍然很少被人文主义教育学采用，因为它没有在意识形态批判视角下得到充分的扩展。

6. 由于人文主义教育学在研究教育实践中很少用到解释学，所以它没有发展成一门真正的“经验科学”［狄尔泰把人文科学视为经验的科学或经验科学（Erfahrungswissenschaft）］。因此，人文主义教育学无疑不能将其理论主张建立在具体的教育过程之上，也无法参与以理论为基础的实践改革。相反，它将自己的理论主张理想化了，并将其作为教育现实问题的解决方案。这导致其与实践之间的距离。因此，人文主义教育学无法实现其改善教育现实的抱负。

7. 作为一门科学，人文主义教育学享有相对自主性和独立性，主要原因是没有任何其他科学或学科负责教育过程。因此，教育学肩负起捍卫儿童个体权利，反对“社会权力”要求的使命。鉴于这种明确的关于解放的承诺，人文主义教育学是否有能力实现其主张，很可能会受到质疑。

8. 批判理性主义的代表人物首先指出，人文主义教育学的语言不够精确，缺乏对“描述性”表达和“规范性”表达的区分，而且缺乏对规范性原则的**元理论**辩护。人文主义教育学没有充分的标准来区分历史上既有的教育实践和与这种实践相关的规范性表达。由于教育实践的现实被这一现实的规范性表征所取代，所以教育实践往往被理想化。这种理想化有时会使人文主义教育学认为历史上产生的事物都是合理的。

第二部分

经验教育科学

从 20 世纪起，经验分析研究成为教育科学的构成要素之一。经验研究的目的在于通过实验科学研究来丰富人文主义教育学。这种研究旨在证明人文主义教育学是“非科学的”。然而，长期以来，新思潮仍未能成功挑战人文主义教育学的主导地位。因此，经验教育科学在教育科学的边缘发展。

20 世纪 50 年代末和 60 年代初，相较于其他科学思潮，经验教育科学变得越来越重要。经验主义倾向坚持反对人文主义教育学在描述当前教育现实（即分析决定教育的所有过程、制度和因素）时方法论上的天真。在概念、方法论和工具层面上，这种倾向更多指的是美国的经验研究，而不是 20 世纪头几十年的德国研究（它们有时仍然不够完善）。因为正是在美国，从 20 世纪初开始，在行为主义、操作主义和实证主义的影响下，经验分析研究成为教育科学的热门领域。

20 世纪 50 年代，德国的社会学和心理学研究在很大程度上由美国人主导，第一批有关经验分析的著作产生于德意志联邦共和国。这些作品大多由教育科学领域的年轻专家完成，而人文主义教育学的代表人物则对它们持观望或批判的态度。社会科学其他学科的成果对于教育领域的经验分析研究的发展至关重要。特别是社会学和心理学涉及与教育有关的各种问题，因此，它们尤其能够证明经验分析研究在教育领域的重要性。方法论方面的重要研究对教育科学也产生了重要影响。与此同时，教育科学的使命也得到了扩展。在这种背景下，人们发现了社会学、心理学、经济学和政治学研究与教育的直接相关性。

在20世纪60年代和70年代前半期，经验研究在教育科学领域占据了一席之地。如今，它在其中发挥着核心作用。经验研究的发展与教育改革紧密相关。人们希望经验研究能够为以改革为导向的教育政策提供支持，特别是在对改革的规划、发展和评估方面，并为教育研究提供帮助。这些社会期望仍然适用于当今教育科学中的经验研究。事实上，在当今教育科学的各个领域中，经验研究结果都发挥着重要作用。这一发展也影响了其他社会科学，它们对教育领域越来越表现出兴趣。随着不同学科的科学家们开始研究相似或相同的问题，学科领域之间的清晰界限逐渐消失。这就要求区分教育科学的经验研究（狭义的教育研究）与广义的教育研究。德国教育委员会（Deutscher Bildungsrat）对此做出如下区分：

教育研究可以从广义和狭义两方面进行定义。狭义的教育研究一直与教学研究有关。广义的教育研究指向作为整体的教育、其在国家和社会背景下的改革以及课外教育过程。尽管人们可能会争论这些边界的开放程度，但是只有当要完成的任务（即研究对象）在理论上或经验上涉及形成过程（学徒制、教学、社会化或教育过程）时，人们才可以谈论教育研究。

按照这种区别，教育科学中的经验研究首先存在于以教学为导向的教育研究中。根据这一说法，教育科学的任务和方法只有在社会科学的研究视角下才能得到更好的界定。

目前，德国教育科学学会（German Society for Educational

Science，约 300 人）中约有 15% 的成员从事经验模式的研究。教育领域的研究对象以及理论与实践关系的复杂性引发了许多至今仍未得到圆满解决的特殊问题。此外，研究的制度化、组织和筹资也是棘手的问题，这揭示了研究对政治和教育规划的依赖性。

经过 20 世纪上半叶的缓慢发展和五六十年代的迅速发展之后，如今经验研究已成为教育科学中一个无可争议的领域。我们对经验教育科学的介绍必须考虑到这一演变。因此，我们将通过区分狭义的教育科学研究与广义的教育科学研究来呈现经验研究发展过程中最重要的时刻。这种区分首先将与理论反思相关，其中验证经验研究原则的元理论体系得到定义。批判理性主义的科学范式是这一研究所固有的。尽管批判理性主义对研究实践的影响会受到质疑，但必须从认识论的角度加以考虑。批判理性主义与经验主义之间的碰撞有助于我们更好地理解教育科学的认识论状况。

六、教育科学的经验方法：历史视角

经验教育科学范式于 20 世纪初在德国出现，但直到 20 世纪 60 年代才得到认可。在这 60 年中，这一思潮发展出了不同的，有时甚至相互矛盾的方法。在批判理性主义与实证主义之争出现之前，这场演变经历了四个阶段：

1. 实验教育学的两位奠基人拉伊（Lay，1912）和梅伊曼（Meumann，1920）做出相关研究。

2. 埃尔泽·彼得森和彼得·彼得森（Petersen and Petersen，1965）为基于教育事实的研究做出努力。

3. 费舍尔（Fischer，1966）和洛赫纳（Lochner，1927，1963）试图建立一门描述性的教育科学。

4. 罗特为在教育科学中实现“现实转向”做出努力。

这场演变最终导向批判理性主义。

（一）拉伊和梅伊曼的实验教育学

拉伊于1896年出版了《写作指南》（*A Guide to Writing*），并于1898年出版了《小班微积分》（*Elements of Calculus in Small Classes*）。在职业生涯伊始，拉伊就尝试通过实验来验证特定教学技巧的有效性。这项工作是拉伊在其《实验教学法》（*Experimental Didactic*）及其简化的新版《实验教育学：特别关注通过行动进行教育》（*Experimental Pedagogy: with Particular Reference to Education through Activity*）中完成的。这些作品的核心是实验教育学和新的以教学为导向的研究方法，其任务为：

> 我们将从理论和实践上成功地运用实验研究方法、实验、统计和细致或系统的观察，以符合教育目的的独特形式解决教学和教育问题。（Lay，1912，p. 1）

拉伊认识到实验研究是自然科学中最有效的方法，于是将该方法应用于教育学。因此，他区分了指向儿童身心问题的儿童学与关注教学和教育实际问题的实验教育学。实验教育学必须利用实验、统计和系统观察来解决实际问题。拉伊描述了两个领域之间的关系：

将儿童学的探索与实验教育学的探索区分开来并非易事：两者都是实验性的，都涉及青少年、儿童和学生的发展。不过，儿童学的探索仅从理论出发，而非源自实践的视角；实验教育学的研究旨在解决与教育和教学相关的实际问题。（Lay，1912，p. 2）

实验－经验教育学肩负着解决教育实践问题的使命。拉伊和梅伊曼致力于强调经验分析教育学在教育实践中的能力和责任，教育实践及其问题和难题构成了经验研究的领域。对于他们来说，为了将实验研究扎根于教育实践，无疑有必要参考人文主义教育学。

我们已经描述了人文主义教育学为获得相对自主性和科学性所做的努力。同样，梅伊曼也指出：

教育学本身并不缺乏严格系统的科学性：它有自己统一的概念体系，这个体系由一个总概念"教育"系统地统一起来；它在经验－实验教育学研究中有自己的经验基础……它决定教育本身的目的，因为没有其他科学接管这项工作……教育科学的目的是建立一个统一的教育目标体系，获得必须遵循的规范性规则和原则。对这些目标的认识只能从对人类现实生活和努力的经验研究中获得，当然尤其是要立足当下，同时也要了解实现这些目标的方式方法……因此，整个教育学都是建立在经验基础之上的……现在，实验教育学提供了这种经验基础，只要它可以进行精确的研究。（Lay，1912，pp. 9–11）

在实验教育学中，我们可以获得以下内容：

1. 在教育中由儿童的天性所决定的一切……

2. 实际教育工作中的实验直接决定的一切……

3. 所有教育手段、材料和主题……

4. 实验……是经验研究最严格的形式。（Lay，1912，p. 11）

实验教育学的对象是广义上的“青少年研究”。它为教育工作创造了必要的条件和工具。从这个角度来看，教育工作依赖于实验中系统的对比试验。实验的目的在于洞察“心理因果关系”和教育实践中某些现象的整体成因。而且，验证和改进研究方法、教育工具和研究主题，并将实验发展为经验教育科学研究的核心要素，都属于实验教育学的任务。此外，以下内容也是经验研究过程的一部分：发生学方法、收集童年的记忆和表现、直接观察程序以及开展实验教育工作。根据拉伊的观点，实验教育学是一门将“每种教育现象定义为某些原因的结果”的科学，他认为，实验结果“产生教育判断和措施，而这些教育判断和措施必须通过与现实相关的科学实验在实践中得到证实”（Lay，1912，p. 12 ff.）。

经验教育科学认为，基于教育领域中背景意义的解释学分析并不科学。然而，这种将科学范式局限于因果原则的有效性的做法是教育科学所不允许的。从经验研究获得的结果中也并不能直接得出教育措施。为了获得教育措施，首先必须解读这些经验研究的结果。因此，有必要在对研究行为进行解释的基础上实现建设性的发展。这种建构不再是一个经验过程。借助归纳法对假设进行批判和验证，获得规范性的判定，最后提出科学实验中可以在教育实践的基础上顺利得到验证的假设，都是这一思潮的基础。但是，科学实验结果并不总能通过教育实践得到验证；在实验情境和日常实践中，因果关系并不总是一致的。实际上，这种日常情境并没有被视为“教育科学中实验科学有效性的标准”……。因此，实验教育学中出现了许多简化现象，这受到之后的批判理性主义的批判。

（二）彼得森夫妇的教育事实研究

教育科学经验研究的另一个重要时刻是埃尔泽·彼得森和彼得·彼得森于1927—1928年开始对教育事实展开研究。他们的方法和程序直到20世纪30年代初才形成。他们的目标是以心理学或社会学中发展起来的经验方法为基础，为教育科学制定一套方法论。彼得·彼得森首先注意到，现有的研究无法回答某些教育问题。彼得森夫妇主张新学校的理念，并试图在耶拿大学学校的研究中发展这些想法。在《教育事实研究》中，他们找到了在教学、社会学习、学校组织和教师培训方面落实其理念的方法。

为了重塑和改进学校教育，彼得森夫妇采用了观察法。埃尔泽·彼得森提出“对经过充分计划和阐释的观察结果进行分析”（Petersen and Petersen，1965，p. 102）。在此框架内，有待观察的数据是经过选择的。观察活动集中在与教育相关的行动和行为上。它以教育情境及其描述为导向，这对于教育学的事实研究是至关重要的。其定义如下：

> 根据某个计划而构建的问题情境的生活范围（由此产生各种各样的问题）旨在为儿童和青少年纯粹的人的天性的成熟和智力的发展提供最佳环境。问题情境激发青少年，赋予他们各种任务，通过这些任务，每个人都必须表现作为完整的存在和整全的人格的自己，并且必须积极主动，也就是说，通过相对完整地采取和表达立场来行动和做出回应。（Petersen and Petersen，1965，p. 109）

由于所设想的问题非常复杂，人们很难对上述教育情境进行检验。教育情境涉及许多因素。就耶拿大学学校而言，必须提及以下几点：通过综合教学、小组合作和取消年级组原则来组织教学和学徒制，教师和学生扮演角色，以及学生坚持对自我和同学进行评价。

观察教育情境的目的之一是帮助教师提升自己的教育敏感性。从根本上来说，观察必须由教师自己进行，并在教师培训以及持续的在职培训中占有一席之地。彼得森夫妇认为，必须培养教师探索教育实践的意愿和能力，以使他们获得一种有助于改善其作为教师的行为以及教育的社会地位的认识。

教育事实研究的核心是对教育情境观察结果的书面描述。埃尔泽·彼得森将这个过程称为“**记录**”。“记录”这一概念有三种含义：

（a）做记录；

（b）使用观察网格；

（c）完成的记录。

因此，在方法论层面，可以区分这三种过程：单个记录（例如，对一个学生的观察）、教师记录和整体记录。彼得·彼得森是这样描述的：

1. 单个记录，即对一个或最多两三个孩子的记录。

2. 教师记录，即教师与学生和环境的关系、教师的言行、表达方式和行为方式。

3. 整体记录，即整体的教育情境，“教师和学生在教育层面上所激发的一切，从拥挤的公立学校教室里长达一小时的课到新学校中只有少数孩子参加的选修课”。（Petersen and Petersen，1965，p. 135）

这些方法的目标多种多样。

在个案研究中，首要的目标是了解某个儿童与学校世界之间的关系、教师与儿童之间的关系、儿童之间的关系，并发现教育影响对儿童产生的积极和消极作用。

在记录教师时，目的是在其所有的行动和交流中将教师作为一个单独的个体来“记录”。

对小组进行整体记录，对于了解教育情况十分重要，但在方法和技术层面上也最具挑战性。它在过程中捕捉不同的沟通场景。每次记录时，“必须记下每一个重要单元”。

对目标的这种界定清楚地表明，对教育事实的研究是综合社会研究的序曲。在这种情况下，事实将不仅被机械地记录为行为数据，而且被记录为按照意义组织起来的社会情境。

对于所有形式的记录，都必须考虑以下标准：

1. 教育情境必须是**真实**的。

2. 记录必须坚持**目标导向**。

3. 必须**详细**说明情境，尽可能逐字描述。

4. 记录必须是**连续的**。

5. 对情境的转录必须**清晰**。

6. 转录必须**纯粹**。（Petersen and Petersen，1965，p. 244）

另外，必须考虑四个要素：

1. 时间。

2. 评估所要记录的内容。

3. 记录表现本身。

4. 阐释（评论、补充说明等）。

然后，必须对由此收集的信息进行组织、系统化和阐释，彼得森夫妇将其区分为：

1. 描述性方法。

2. 现象学方法。

3. 逻辑方法。

4. 数值方法。

5. 因果方法。

最后，有五种不同的方式可以用来展示所获取和组织的信息：

1. 几何展示。

2. 图表展示。

3. 通过图像或书籍进行展示。

4. 静态或动态的观察模式。

5. 因果之间的区分。

在对这种质性教育研究进行全面评估时，当然可以提出许多批评意见。这些意见部分适用于耶拿大学学校的具体情况，该学校特别关注组织问题，但缺乏对解释标准的足够关注。尽管如此，彼得森夫妇对教育事实的研究无疑是对教育科学中经验研究的有趣扩展，因为它试图将研究及其结果与相关人员直接联系起来，从而提高他们的行动能力。运用解释学方法将使这一点更容易实现，因为解释学方法的运用有助于使记录和结果更加具体和清晰。

这些观察方法的使用及其产生的结果可以使我们对教育实践采取反思态度。这种反思性关系在经验分析过程中很难实现，因为在拉伊和梅伊曼的实验教育学中，采用这种方法只能做出因果阐释和相应的预测。最后，相对简便的程序使他们可以参与教师的入职和在职培训。近年来，这种对教学的综合研究一直是人们感兴趣的对象。在行动研究发展和运用质性或人种志研究的背景下，对教育事实的研究显然要重新得到重视。

（三）费舍尔和洛赫纳的描述性教育学

无论是拉伊和梅伊曼的实验教育学，还是彼得森夫妇对教育事实的研究，都没有对教育科学产生重大影响。费舍尔和洛赫纳的研究也是如此，他们分别在 1914 年和 1927 年建立了描述性教育学的基础，这是实证教育科学的例证。费舍尔在其 1914 年关于描述性教育学的文章中阐述了他的计划，谈到教育作为事实（fact）与教育作为使命（mission）之间的区别。他写道：

> 从事教学、教育和致力于改善的人没有认识到这一点。教育者的使命并不在于了解自己所教的孩子、通过教学所传达的主题或使用的方法。当然，他必须掌握他所传授的学科。不言而喻，他在开展教育活动时还必须掌握其他类型的知识，例如认识每个孩子之间的差异。而且，他还不可避免地要积累有关自己教学方法使用效果的经验，并本能地加以运用。（Fischer，1966，p. 83）

这里有趣的是实践者被消极描述的程度，以及其思考能力受到质疑，尽管他是被迫采取行动的。对教育实践和研究的认识与理解完全归功于理论家，理论家在此必须与实践者明确区分开来。理论家的决定性任务是建立一种纯粹的、尽可能为无涉利益的认识服务的教育理论。无涉利益的、无理论的描述为这种理论做准备，它是系统理论化的起点。费舍尔解释道：

> 在任何一门科学的开端，人们都必须去揭示，即质疑是什么构成了用既定领域的话语描述的事物和事实内容；也就是说，质疑这种事实内容的自然构成和前理论构成，因为这些事实使被质疑的科学问题成为可能。（Fischer，1966，p. 91）

费舍尔对纯粹描述的期望是显而易见的。受胡塞尔的启发（但他似乎不太了解胡塞尔），他推断，无需援引理论，也无需参考解释学和分析程序，就有可能获得对对象的认识。但是，自从批判理性主义出现以来，这种缺乏既定理论的客观认识的视角在当今的社会科学中已不再站得住脚。所谓的教育事实或教育情境，依赖于一种预先理解，它本身就是由历史、社会和语言决定的。实际上，在人文主义教育学看来，对规范教育学与描述性教育学的区分是一种倒退，因为人文主义教育学已经证明了规范教育学的不足。此外，描述性教育学也可能因为自称是唯一的科学教育学而受到批评。

洛赫纳也同样将教育科学描述为无涉价值判断的描述性科学：

教育科学是一门理论性的、独立的、纯粹的科学……它的研究对象是全部教育现象，它从许多“其他生活现象”中识别和描述教育现象，把教育现象作为特殊的对象来观察、解释和理解。它借助先前获得的临时概念，去了解、可视化并说明特定的现实片段。从这个角度来看，教育科学是一门现象学学科或字面意义上的一种事实研究，仅此而已。因此，由于具有实证性、描述性、经验性和解释性的特征，教育学很难与其他类似科学（例如经济学、心理学或生物学）区分开来。（Lochner，1963，p. 415）

这种教育科学观点与费舍尔的教育科学概念相一致，它最鲜明地体现了教育科学中的实证主义立场。这一点在对科学的统一性和价值中立性的一贯要求中、在教育科学定义的形式特征中以及在“启蒙”仅限于确立事实中体现得尤为明显。

（四）教育科学中的“现实主义转向”（罗特）

20 世纪 60 年代，与人文主义教育学相对立，教育科学进行了重新定位，这被称为“教育科学的现实主义转向”。在第二次世界大战后，重新占据主导地位的人文主义教育学将实验科学研究排除在外，这已不再为人们所接受。因此，人文主义教育学远未成为其所自称的那种为了教育实践的教育实践理论。

相反，人文主义教育学把自己的目标设定为开展一种历史理想化的研究，并使解释学 – 历史学方法成为教育科学的唯一方法。因此，有必要认识到，什么对于教育实践来说是重要的。

最后，这种排他性的另一个后果是，教育科学未能整合从经验中获得的大量知识，而这些知识对教育学而言非常重要。心理学、社会学、精神分析学和教育经济学等各门科学都提供了有用的信息。

一方面，罗特批评了与他同时代的人文主义教育学；另一方面，他也意识到，随着社会科学知识的发展，教育科学被消解到邻近学科的危险增加了，因此，教育科学的“现实主义转向”不得不：

1. 试图反对教育学被消解到许多独立科学（例如社会学、心理学等）中的趋势。

2. 努力避免对教育行动失去教育学兴趣。

3. 试图在行动中弥合理论与实践之间的断裂。

罗特的想法不仅是用实践的教育科学来替代人文主义教育学，也不仅是接纳其他社会科学领域日益重要的经验研究成果，而是致力于构建作为一门独立学科的新的教育科学。

面对教育学被消解到众多独立科学中的趋势，罗特始终坚持自己的理念，即教育科学是一门“综合科学”，应将各门科学中所积累的知识（其中大部分是经验研究的产物）纳入教育问题之中。因为，在他看来，只有把这些知识和事实融合起来，才能防止它们失去作用。要实现这一点，就需要一种“教育人类学”，它着眼于发展人类学习、进化和赋予生命意义的能力（Roth，1965，p. 215）。但是，这种融合是否可行？特别是当人们考虑到在其他领域获得的知识源于不同的问题时。的确，对知识的兴趣并不意味着对教育学的兴趣。如果认为这种融合的尝试能够克服导致专业化和现代科学解体的社会历史条件，那就更会遭到质疑。

为避免丧失对教育行动的教育学兴趣，必须重申理论与实践之间的统一（尤其是对于常常忽视实践的人文主义教育学而言）。但这首先适用于经验研究，因为它有时没有考虑到教育行动的兴趣。只有当教育科学考虑到对教育行动的兴趣时，它才能有助于实践的改进（其他学科中不存在这个问题）。

最后，在教育科学的现实主义转向背景下，需要重新定义理论与实践之间的关系，罗特（Roth，1965）和蒂尔施（Thiersch，1966）对此进行了尝试。他们都认为，为了解决教育现实中的实际问题，必须使教育科学中的解释学程序与经验程序相互协作，因为二者是相辅相成的。事实上，虽然二者的形式和结果不同，但目标是相似的。解释学必须有助于问题的表达以及对经验研究所获得的结果的解释。因此，它的行动领域是对实践的控制。而实践则负责收集有关教育现实的信息，这些信息有助于更准确地阐述有关教育的知识。

罗特和蒂尔施希望找到教育理论与忽视实践重要性的经验主义的共同点。蒂尔施意识到调和理论与实践的困难，他希望自己的研究被视为发展“中间阶段”理论的尝试。尽管这种解释学与实践互补的想法的确很有趣，但是这种尝试的合理性必然会受到质疑，因为解释学因此变得功能化和对象化，这似乎与其最初的使命相矛盾。

七、教育科学中的批判理性主义

在分析批判理性主义的科学基础之前，我们先介绍一下布雷钦卡的研究，他的研究在很大程度上以批判理性主义为导向。布雷钦卡的研究是以批判理性主义的科学程序为基础的最有趣的教育科学模式。布雷钦卡把教育科学视为他所假设的普遍科学的“子科学”。基于他的研究，我们可以发现批判理性主义的一系列典型元素：

- 发现的背景与论证的背景之间的区分；
- 影响价值基础的规范性决定与科学声称在对象领域无涉价值之间的矛盾；
- 对实证主义中仍然有效的归纳原则的否定；
- 对由证伪尝试失败而得到证实的理论进行演绎构建；
- 在验证主张时进行主体间的证伪。

自20世纪60年代中期起，批判理性主义在社会科学领域越来越受到欢迎。布雷钦卡在1971年论证其“教育学向教育科学的发展”计划时主要参考了批判理性主义。他的出发点是当时影响甚广的实证主义之争。由布雷钦卡的计划所引发的争论远超过了由拉伊和梅伊曼的实验教育学或费舍尔和洛赫纳的描述性教育学等实证主义计划所引发的争论，其部分原因当然是布雷钦卡论辩的激进性和独断性。

洛赫纳曾说，“教育科学的目标不是影响行动，而是认识事实”（Brezinka，1972，p. 25）。受洛赫纳的影响，布雷钦卡提出这样一个问题：科学的目的是获取知识，其使命不是质疑数据产生的条件或数据评估的条件。他写道：“科学的创造者被期望创造知识，而不是塑造世界或影响人类。他们的行为是理论性的，而不是实践性的。科学的目标是认识。现实科学的目标是获取关于现实的认识。”（Brezinka，1972，p. 20）此外，“科学的统一性可以通过两组问题来定义：一方面，界定科学的目标和任务；另一方面，界定科学方法的一般规则。这样就有可能将科学与人类活动的其他领域区分开来，例如政治、经济、教育、艺术和宗教”（Brezinka，1972，p. 20）。

因此，科学被定义为一种借助科学方法以认识现实为导向的研究活动。这一科学的概念能否适用于教育科学或教育学领域中迄今为止被考虑到的所有任务呢？当然不能。因此，布雷钦卡必须扩展他的科学计划。根据分析哲学，布雷钦卡以教育哲学和实践教育学来补充教育科学。然后，他将广义的教育科学分为理论教育科学和教育史学。后者本质上是在理论的基础上被概念化的。教育哲学领域也被分为教育学陈述的认识论和道德哲学。实践教育学是根据学徒制的概念定义的。

（一）教育科学

理论教育科学和教育史学的基本科学原理是在教育科学的总体框架内被界定的。

教育科学的中心任务（也适用于我们刚刚界定的子领域）是揭示实现教育目标的条件。教育科学描述事实，但首先要寻求因果关系（Brezinka，1972，p. 31）。“就必须在教育实践框架内解决的问题而言，教育科学主要是一门技术科学。”（Brezinka，1972，p. 32）“可以说，教育科学寻求实现教育目标的条件，这些条件受行动影响或与行动相关。”（Brezinka，1972，p. 33）由此得出一个事实，即教育科学研究的对象是教育的构成要素。“教育科学被描述为教育现实领域（客体领域）中主体间可验证的陈述系统。”（Brezinka，1972，p. 34）

“因此，教育科学可以被定义为一门特殊学科，一门关于社会行为或人的精神客观化物的综合科学的分支科学。”（Brezinka，1972，p. 38）理论教育科学和教育史学的研究范围建立在这一定义的基础之上，它们通过相互参照的不同问题来探索教育科学的对象。

（a）理论教育科学

布雷钦卡将理论教育科学简单地描述为教育科学，其目的是获得理论知识。因此，它无法像实证主义者所相信的那样，可以避免一种对教育现实和所谓的事实不做出假设的认识。相反，它必须立足于自身的问题和为解决问题所做的努力。正如布雷钦卡所说："科学并非始于事实，而是始于问题和解决问题的探索。"（Brezinka，1972，p. 50）

在波普尔（Karl Popper）和阿尔伯特（Hans Albert）之后，获取理论被描述为科学研究的任务。理论在这里被理解为"逻辑上相互关联的、用于解释和预测该领域现象行为的全部规范假设"。

这些假设必须以"如果……那么……"（条件句）类型的陈述来表述。作为科学命题，它们应该可以得到主体间的验证。根据传统的实证主义，人们可以通过归纳来验证理论命题，而布雷钦卡则采用了波普尔的证伪原则。他认为，科学无法从内部证明其主张的真实性，它只能用经验来面对假设或现象。根据波普尔的观点，经验 - 科学体系在面对经验时必然会崩溃。只有依靠基本陈述，证伪尝试才能成功。如果证伪失败，则可以认为该假设或理论已经得到验证。

例如，"所有天鹅都是白色的"可以被表述为"没有不是白色的天鹅"。但是，如果人们碰巧看到一只黑天鹅，则可以使用"有"的表述，即"有黑天鹅"。这是一个基本陈述，它否定和证伪了"没有"这一基本陈述。然后，人们指出了这两个陈述之间的矛盾，并根据特定经验，推断出普遍规则的谬误。

因此，布雷钦卡要求在教育科学领域中使用一种可以区分观察语言与理论语言的语言，以避免出现传统教育学语言中的“信息差”（如批判理性主义所称的那样）。

此外，布雷钦卡坚持批判理性主义所特有的区分，即区分情境的背景与对科学陈述进行论证的背景。问题和假设的起源问题属于心理学领域。人们只能在论证的背景下用科学方法来验证一个主张是否可以被视为科学的。还是以阿尔伯特的观点为参照，就科学陈述体系而言，我们还需要强调科学相对于价值判断的独立性。

相较于实证主义，这种对科学陈述体系的限制已经使价值中立的主张明显相对化。此外，教育事实的“描述”与“解释”存在区别。这种区分在教育中很重要。教育科学的科学发现对教育实践的作用最终主要体现在教育科学理论的预测和技术应用上。

（b）教育史学

教育理论必须借鉴教育科学史或教育史学的成果，才能够充分把握其对象，即教育现实。如果没有这种历史方法，教育现实的重要维度将被忽视。与理论对象相比，历史科学的对象由于其复杂性只能被部分或间接地理解。

这两个研究领域的目标之间的区别更为重要：“在理论领域，人们试图找到普遍规律，从而为自己的研究领域构建一种系统理论。而在历史科学中，对过去事件进行思想重构的兴趣占主导地位。”（Brezinka，1971）在布雷钦卡看来，对历史现象独特性的强调可以追溯到历史主义的影响。在研究初期，他除了对关于历史现实的科学感兴趣之外，对现象和规律的研究也越来越感兴趣。

历史研究的基础是将其理论建立在尽可能多的经验之上。历史研究对教育理论也很有帮助。“必须能够选择并以差异化的风格描述和解释相关的历史现象。”（Brezinka，1972，p. 95）关于人文主义教育学的历史－系统化的观察模式，布雷钦卡解释道，狄尔泰的弟子们“并不像实用科学理论使用理论性（theoretic）那样使用系统性（systematic）一词，而是将其作为生命哲学世界观意义上的哲学的（philosophic）同义词来使用”（Brezinka，1972，p. 96）。因此，对他来说，人文主义教育学的历史作品是非历史性的。他指出，这些作品甚至是非科学的，因为它们声称有能力提出教育规范。这种主张仍然是道德教育哲学的一项任务。为了他的普遍科学计划，布雷钦卡还反对区分解释与理解，因此也反对承认解释学是教育科学的一种方法。此外，他还要求区分教育思想史与教育现实的历史。教育史学必须聚焦于后者。

稍后我们会批判布雷钦卡的理论，现在我们要强调以下几点：布雷钦卡将历史定义为“对过去独特事件的概念性重构”，这似乎是有局限性的，因为这样的重构只是历史研究的某个片段。对过去的理解总是与对当前的理解联系在一起，而对当前的理解又是由自身的过去来阐释的，这一事实对于作为一门科学的教育史学来说至关重要。

按照这个过程，对过去的解释是当前问题的核心，这使我们又回到解释和历史作品的特殊性上。从根本上讲，把过去作为过去事件的总和来重构是至关重要的。可能的做法是，尝试在现有资料的基础上认识过去，并在现在对其进行解释。

本纳继续进行了如下思考："我们承认，作为过去现实的历史事实是通过其意义在当前的延续而具体地呈现给我们的。"（Benner，1973，p. 257）

像布雷钦卡那样削弱历史的视角，或低估教育科学中的历史作品，都会使该学科的科学计划成为非历史的。

（二）教育哲学

证明教育哲学的必要性，我们必须从以下问题入手："教育行动和教育反思中出现了哪些由面向实践的教育科学所无法解决的问题？"（Brezinka，1972，p. 117）。这些问题包括：

- 教育目标；
- 教育科学的哲学基础；
- 教育现实的解释学；
- 教育哲学和意识形态教育学。

为了系统地解决这些问题，布雷钦卡区分了"教育哲学"的两个主要干预领域："教育学陈述的认识论"和"教育的道德哲学"。

（a）教育学陈述的认识论

教育学陈述的认识论包括对概念和教育学陈述的逻辑分析、教育科学知识的方法论以及对教育系统认识理论的批判。教育学概念的逻辑分析始于“通过定义和意义分析来解释概念，探索日常语言并试图阐明概念和陈述。认识论进一步建立在对教育系统的批判之上。其目的是区分所使用的不同方法，并且必须将规范性陈述与经验性陈述区分开来”（Brezinka，1972，p. 142）。

（b）教育的道德哲学

布雷钦卡将教育科学定义为摆脱一切价值的技术科学，其任务在于考察实现特定目标的可能性，这就需要一种教育的道德哲学来确保目标的选择。其使命被界定如下：“考察与教育责任相关的伦理价值判断，并证明其合理性，这就是教育的道德哲学的任务。”（Brezinka，1972，p. 151）布雷钦卡认为，道德哲学必须完成教育科学无法完成的任务。它必须帮助教育在支配性的权力斗争中肯定自己，并且，正如人文主义教育学所指出的那样，捍卫儿童免受其他社会力量侵害的权利。布雷钦卡认为，完成这项任务是道德哲学的责任，它必须为当前教育领域的规范性反思热点提供发展空间。这在一定程度上是必要的，因为教育目标的规范性伦理仍然非常不完善，并且，教育行为的规范性伦理也不明确。布雷钦卡建议更好地区分道德与实践问题、“伦理”观点与“涉及伦理议题的问题”。随后，他提出了一种解决教育规范性问题的方法，阿尔伯特对其背景做了如下界定：

> 批判性道德哲学的核心任务不是对伦理文本的分析，而是对道德原则的批判性验证，以及对占主导地位的伦理体系和道德规范的批判。（Brezinka，1972，p. 157）

这样定义的“教育规范性问题的解决方法”必须考虑到以下几点。

1. 人们必须试图通过理智的论证（或好的理由）来证明规范性陈述的合理性，而不是参考任何武断的权威。

2. 必须遵守逻辑规则。

3. 受教育者的学习目标、教育者的规范和任务必须被明确表述。

4. 必须对教育要求的可行性进行验证。

5. 必须根据预期效果对教育要求进行验证。（Brezinka，1972，pp. 159–162）

因此，布雷钦卡构建了一种道德教育哲学，它与价值中立的教育科学形成鲜明对比。这种哲学必须明确在教育领域中非常关键的规范和价值问题。然而，这种观点可能会受到批判，因为有关道德教育哲学的问题只能通过分析来加以解决。上述规范性仅仅是根据既有规范而设想的，而这些规范是理性分析的对象。发展自身的规范性思想仍然是不可能的。因此，用这些术语定义的道德哲学无法突破教育科学的限制。它仍然受制于现存事物，只能在有限的范围内与其保持距离并开展批判。因此，这种道德哲学往往是肯定性的。道德教育哲学的第二个缺陷是，它是以一种非历史的方式发展起来的，并且与社会没有任何联系。然而，只有在适当考虑特定历史背景的情况下，规范性思想才能得到充分解释。这些规范性思想必须在一定的社会背景下加以解释，并在它们与各自社会秩序的权力结构之间的联系中得到反映。

最后，关于某些尚未受到质疑的价值，博尔诺夫指出：

我们的世界和生活一直被认为具有内在的意义和价值。我们无法回避这一点。它们甚至不能被描述为无涉价值的，每种描述和每种解释总是建立在意义和价值被承认的假设基础上的。（Bollnow，1971，p. 702）

在布雷钦卡提出的道德哲学概念框架内，解释学和语言哲学一再指出的那种对每种社会行为和认识的规范性条件的理解就不存在了。

（三）实践教育学

布雷钦卡将实践教育学定义为“一种适用于行动并解释行动的规范性教育理论”（Brezinka，1972，p. 189）。因此，布雷钦卡将自己的研究与在教育科学史上以各种方式发展起来的教学模式和教育性教学联系起来。教师不能等到“社会研究更有成效”时才行动（Brezinka，1972，p. 202）。根据布雷钦卡的观点，实践教育学不能被定义为与实践心理学平行的一门应用性教育科学，也不应被当作一门科学进一步发展。实践教育学的任务不是将实践与教育指令分开，而是激发教育者，促使其进一步发展自己。在德语国家，人文主义教育学被认为是实践教育学的代表形式。在面对现实的过程中，它意识到理论的局限性，并鼓励人们对由教育实践理论引发的问题进行研究。根据布雷钦卡的定义，这不仅涉及教育科学作为一门现实的理论科学的有效范围问题，同时也涉及以下问题：为了实现其目标，实践教育学可以在多大程度上被科学地对待？在脱离科学和哲学的实践教育学中，必须考虑以下几点：

1. 必须向相关人员提供有关教育现实的信息，并帮助他们获得关于行动或教育政策的指导意见……

2. 命题的含义必须明确。

3. 必须遵守逻辑规则。

4. 在价值判断中，必须明确判断的视角。

5. 必须尽可能明确地制定规范的内容。

6. 教育实践的语言必须清晰易懂。

7. 语言在情感上的运用不应占主导地位或取代其在认知上的运用，应仅在情感上捍卫理性的道德判断。

我们必须对实践教育学这一概念进行批判性考察：显然，布雷钦卡并不相信实践科学的可能性。他认为，出于与认识论相关的原因，我们必须区分科学、教育性教学和实践理论。科学不能指导实践。这项任务落在了作为实践与教育之间纽带的教育实践身上。然而，如果教育实践被定义为一个必须被视为独立于科学的领域，那么它就不是科学认识的对象，而仍处于前科学阶段。因此，教育实践领域仍然在很大程度上未被探索。教育实践不是科学的优先关注点，其改进的机会仍然有限。我们认为，一种独立于教育科学并对教育行动负责的实践教育学，既不符合实践的兴趣，也不符合教育科学的兴趣，因为教育科学将因此避开其干预领域，也就是实践领域。这种区分是科学和实践的还原论概念的根源。它阻碍了实践问题被视为教育科学的本质问题。要对教育科学的这一根本性问题进行令人满意的反思，就需要将教育科学视为一门行动的实践科学。

（四）批判

布雷钦卡的计划本应证明其把教育学三分为教育科学、教育哲学和实践教育学的合理性，但这种证明从未出现过。这样的区分很难证明其合理性，即使它与批判理性主义的目标相关。事实上，这些不同的维度过于紧密地相互依存。在具体教育科学的科学实践中，规范与描述相互贯通。此外，由于无法验证这些描述的有效性，而且研究者的选择先于这些描述，因此，描述相对于规范的逻辑优先性并不像布雷钦卡所希望的那样明确。这表明，布雷钦卡所提出的体系将导致对每一个要素及其背景失去认知，而不是进一步解释其在整体社会方案中的价值。

布雷钦卡的区分本身也是有问题的，因为这种区分在不同的子领域之间引入了等级秩序。例如，他赋予科学更大的社会价值。因此，当哲学家和教育家想要“从科学的社会声望中获益”时，他总是认为这是不诚实的。

由于布雷钦卡从未试图通过综合的方式将那些相互独立的各个分析领域结合起来，因此，他的综合教育理论彻底失败了。这是由于批判理性主义的意识形态，根据这种意识形态，只存在一种科学范式。如果布雷钦卡要完成他的综合教育理论计划，将会遇到另一个困难：这将与统一科学声称自己是所有子科学的综合和联合的主张相矛盾。同样的批判也可以指向声称“所有科学都可以独立于其对象”的意识形态。

总之，布雷钦卡的立场与他自己的目标并不相关。通过将教育科学简化为对统一科学的科学理解，因果分析方法就成为唯一公认的科学方法。自实证主义之争出现以来，一种独特且统一的认识论观点就受到辩证思想和综合科学研究的挑战。就教育科学而言，将教育现实视为一门科学是不恰当的，因为这种范式只允许获得一定的科学知识。此外，这一过程只允许人们在技术层面上应用教育实践科学的成果。只有在获得无涉价值的科学知识之后，科学的成果才能被应用于有助于教育实践的技术。因此，必须确保知识的获取与其实际应用之间的区别。如果应用于技术的科学成果被用来影响和改变实践，那么科学与实践之间的关系就可以根据实践相对于科学理论的从属地位来加以界定。

我们可以看到，这里对理论与实践关系的定义和人文主义教育学的视角不同，后者将实践置于理论之上。布雷钦卡的主张对教育科学的影响是，教育实践被定义为一门科学及其相应技术的成果。布雷钦卡高估了科学认识。因此，以这种方式定义的科学与实践之间的关系仍然有待商榷，因为技术将在人们还未清楚地意识到它们的情况下支配实践。

八、批判理性主义的科学计划

在概述了经验教育科学的发展之后，现在让我们来介绍一下批判理性主义的核心要素。这是非常必要的，因为从系统角度看，许多重要的元素无法在布雷钦卡的教育科学计划中得到充分讨论。此外，批判理性主义科学理论的许多元素对于教育科学的经验研究非常重要，即使它们没有被整合到教育科学的整体系统中，因为批判理性主义主要通过其科学理论对教育科学产生了深远影响。

批判理性主义有七个核心要素：

- 概念的定义和阐释；
- 概念的操作化；
- 科学判断；
- 理论、假设及其验证；
- 技术作为理论应用的领域；
- 价值判断、价值基础和评估；
- 批判理性主义的新发展。

（一）概念的定义和阐释

批判理性主义基于这样一个事实，即科学不能直接把握现实，但现实总是通过语言与科学联系在一起，并作为“或多或少被概念有意预设的经验世界”而成为其对象，这带来的直接后果是，“经验的客体与主体之间的这种理智的中介是科学认识过程的必要条件”（Mayntz et al.，1972，p. 9）。因此，有必要界定词语和陈述的内容。借助这种定义，我们可以得出简单而明确的命题。每一个定义都是通过语言来构建的，语言隐含着特定的价值。这种对语言中先验蕴含的价值的参照是不可避免的。然而，这些价值应该与价值判断中出现的评价区分开来。

在对定义的理解上，我们可以区分真实的定义和名义上的定义。在第一种情况下，目的是界定一个事物的“存在”（being）。在第二种情况下，目的是使某种“情况”形式化，其中一个给定的表述（A1）必须与另一个被假定为已知的表述（A2）有相同的含义：A1 必须与 A2 含义相同……。因此一个名义上的定义由两部分组成。

1. 第一种表述被称为定义项（Definiens），其含义被假定为已经被理解。

2. 第二种表述被称为被定义项（Definiendum），其必须与定义项同义。

根据知识目标，每种定义都有各自的优缺点。批判理性主义通常认为名义上的定义更重要，因为它能更精确地界定经验研究中考察的主题。

在一个经验研究项目中，概念的定义要考虑历史背景和对概念意义的选择。在定义过程中，必须考虑以下三个方面。

1. 定义不能是循环的，也就是说，必须能够在不参照被定义项的情况下界定定义项（例如，不能这样定义：理解 = 思考的能力，思考 = 对理解的证明）。

2. 定义必须尽可能避免使用否定形式。

3. 定义中使用的概念必须具有尽可能明确的含义。

概念的形式和定义必须明确。这样我们就可以看出，在经验研究中，应用概念的类型和功能可能会有所不同。例如，概念可以用来对命题进行分类、评估、指导个人行动或使交流成为可能。在这些情况下，概念的功能分别是确认、评估、行动和交流。概念要实现这些功能必须满足三个条件。

第一，在对已定义词语的内容进行分类时，必须保持相关性和连续性……；第二，为了与前面的内容密切相关，必须对概念进行精确的定义……；第三，应用于经验研究的概念必须是以经验为依据的。

除了对概念的定义进行反思之外，批判理性主义还要求在更广泛的意义上对概念进行说明和解释。这里我们必须强调语言的重要性。概念必须无歧义地指代陈述的内容，以促进主体对命题的验证。日常语言中使用的概念在科学语境中往往具有不同的含义。在研究中，有多种方式可以用来对概念的含义进行准确阐释。概念的适切性可以用相似性和准确性的标准来判断。当一个词在科学语境中的意义与它在日常生活中的用法之间只存在细微差别时，我们就谈相似性。准确性意味着既定概念的意义是恒定不变的。然而，尽管概念需要准确，但人们必须避免通过“人为的”额外澄清来过度简化复杂的事态。波普尔对“夸大”概念准确性的要求也持怀疑态度，他指出，尽管科学或科学语言的准确性取决于概念的准确性这种观点当然是完全合理的，但他仍然认为这不过是一种简单的先入之见（Popper，1973）。

（二）概念的操作化

对概念准确性的要求导向经验研究中概念的操作化。因此，明确的概念定义因其应用而得到进一步发展，“因为在操作化背景下，研究者提出了研究操作的精确指导，借此可以判断相关概念所描述的现象是否存在……所以，一个可操作的定义是技术或研究操作所必需的翻译过程的结果”（Mayntz et al.，1972，p. 18）。一个可操作的定义假设了一种经验性的应用，但我们必须将有直接经验性应用的概念与那些有间接经验性应用的概念区分开来。前者的特点是所描述的现象是直接可用的，而后者描述的现象只是间接可用的。后者包括政治教育过程、社会技能的培养过程等。这些概念的常规定义无助于验证其经验适用性。

为了从经验上证实它们的适用性，人们设想了一些指标。如果作为指标的现象可以得到经验上的证明，那么由原始概念描述的现象同样可以被认为是既定的。根据现代语言哲学知识，“操作主义”所要求的对概念及其操作化进行全面的考察当然不再可能，但对概念与操作化之间一致性的要求仍然存在。从这个观点来看，在解释已获得的知识时出现了一个特殊的困难。因此，研究者必须将他的论证尽可能地置于概念的操作化层面，以避免得出错误的结论。“然而，解释和结论仍然存在疑问，就像操作化（以及实际测量的内容）与概念实际指代的现象之间的关系一样。”（Mayntz et al., 1972, p. 22）因此，对指标的使用取决于它们的有效性，即它们解释不可感知的现象的能力；也取决于它们的可靠性，也就是说，它们是否经得住重复使用。前面已经提及通过选定指标来使概念操作化所遇到的困难。过去几年，在教育科学中，人们在制定学校课程时遇到了这一问题。但指标的可靠性本身就要求过程和工具的准确性和精确性，而这正是人们试图通过过程和工具的标准化来实现的。

在经验研究中，事实操作化的必要性毋庸置疑。但是，事实可能会因操作化而改变的危险已从不同角度得到强调。因为事实被分解为许多方面，但从这些方面的总和中并不容易重新得到整体事实。这一问题可以通过提升操作化的质量得到部分解决，但是无法得到根本消除。这一问题长期以来也一直困扰着关涉学习目标操作化的课程研究。

（三）科学判断

我们刚才所说的是传统社会科学中所使用的不同类型的陈述。以下内容需要被区分：

1. 逻辑陈述，其意义或价值可以通过在判断中所使用的符号来检验。

2. 分析性陈述。

3. 矛盾性陈述（真逻辑短语、假逻辑短语）。

4. 规范性陈述（介绍与事件或现象有关的指标、内涵或立场的陈述）。

5. 经验性陈述（与对象和现实关系相关的陈述。与规范性陈述相反，经验性陈述构成了事实性判断）。

在具体情况下，经验性陈述被分为：（a）对独特事件的描述，这可以在时间上被精确地定义；（b）基于单个事实并用于形成定义的假设。不同的现象在这里被联系起来，这样我们就可以定义相互依赖的关系。假设对于经验研究非常重要，因为它们包含的前提大多可以用“如果……那么……”或“越……越……”等模型来表述。

此外，我们必须根据不同陈述各自的有效性主张、与现实的关系、有效性领域、评估和信息内容来对其加以区分。

有效性主张可以是先验的，也可以是后验的。在第一种情况下，这种主张无法在现实中得到证实。在第二种情况下，通过与现实进行比照，有效性成为可能。

陈述的另一个特征是它们与现实的相关性。当考虑这些陈述的范围时，我们讨论的是陈述的时空参照。

关于陈述的评估，应当区分逻辑层次和经验层次。陈述中包含的语言符号与逻辑有关。陈述必须遵守逻辑规则，要对矛盾的可能性进行评估。陈述的推论必须正确。对陈述的经验评估建立在陈述与现实的关系上。必须考虑三个条件：陈述的现实性、逻辑正确性和陈述的信息内容。最后一个层次对批判理性主义非常重要。波普尔认为，这是经验分析体系最核心的特征之一。它只存在于那些与现实有关的陈述中，也就是那些具有经验内容或解释力的陈述中。当被证伪的机会受到限制时，逻辑的精确性就会更高。

在社会科学的经验分析研究中，“如果……那么……”的判断起着重要作用。它们试图找到这样的判断：

（a）为尽可能多的事件提供尽可能精确的结果。

（b）为尽可能多的对象赋予尽可能精确的特性。

当假设同时满足这两个条件时，才是有效的。

根据波普尔的证伪原则（Popper，1973），只要出现一个根据假设不应该出现的元素，假设就会被驳倒。如果这一假设排除了更多的判断，那么它的信息内容就更有力。由此产生了一个问题：我们如何构想出一个陈述并增加它的信息内容？“如果……”减少得越多，陈述的信息内容精确性就越高。

批判理性主义提出了一种以语言理论为基础的认识论。维特根斯坦强调，孤立的陈述只有在被界定的“语言游戏”背景下才有价值。的确，语言必须构成“有效性”和“现实性”标准的任何定义的基础。

（四）对理论和假设的验证

现在让我们来考察批判理性主义理论概念核心要素、对理论进行验证和证明、对事实的解释等问题。波普尔认为，理论是我们用来捕捉“世界”的网——使其合理化，解释并支配它。我们总是忙着把网眼收紧。

理论在主题上面向不同的研究领域。它们构成了假设与由公理逻辑推导出的陈述之间的逻辑联系。当单独的陈述与假设相矛盾时，理论就被视为被证伪的。因此，为了验证一个理论，必须将其转化为假设。通过这些理论或假设，人们可以进一步概括陈述。这些陈述说明了一个越来越广泛的现实领域。

这里的主要问题是把握经验理论的真理价值。因此，有必要区分发现的背景和论证的背景。在第一种情况下，人们必须解释理论产生的问题；在第二种情况下，人们必须证明与现实相关的假设的主体间可验证性。波普尔忽视了发现的背景。他写道：“行动的前半部分，即理论的提出，在我们看来既不能进行逻辑分析，也不需要进行逻辑分析。”（Popper，1973，p. 6）波普尔倾向于坚持逻辑分析，这主要涉及合理性的问题。例如：一个陈述可以得到证明吗？如果可以，如何证明？它是可证实的吗？它在逻辑上是否依赖于其他表述，是否与它们相矛盾？……批判理性主义的核心是一种方法论，它可以帮助我们避免逻辑错误，从而使我们更接近真理。

在过去的实证主义中，真理必须借助归纳原则从判断中推导出来。因此，人们能够通过对观察结果和经验的描述，将它们构建成假设或理论。因此，假设必须在它们与现实的关系中得到验证。这实际上意味着对现实的成功检验。然而，由于这几乎是不可能的，因此用普遍主义的主张来验证一个假设实际上是不可能的。假设是无法验证的，正如波普尔所表明的那样，它们只能被证伪。按照波普尔的说法，陈述与所有逻辑归纳的尝试相矛盾。波普尔还定义了对理论进行批判性验证的方法，这一方法只能导致理论被证伪，或者在没有被证伪的情况下暂时被证实。

从逻辑上讲，结论是从想法、假设和理论体系的无根据的预期中得出的。这些推论被与其他的陈述相比较，通过确定这些推论之间存在的逻辑联系（例如对等、结论、联系、矛盾），将它们相互比较并与其他陈述相比较。（Popper，1973，p. 7）

结论的逻辑必须得到验证，因为它会揭示矛盾。验证还必须涉及理论的合理性。它必须将被评估的理论与其他理论进行比较，以确定它是否有进步空间。它还必须根据理论的实际效用对其进行评价。

假设或理论的演绎验证过程要求人们把所有的陈述简化为基本的判断，然后才能与现实相对照。证伪的逻辑过程可以描述如下。

（1）提出一个理论假设："当人们从正在飞行的飞机上坠落时，他们就会死去。"

（2）把理论假设转换成"没有……"类型的句子："没有人从正在飞行的飞机上坠落还幸存下来。"

（3）提出第二个陈述："1995 年 4 月 23 日晚 9 时，约翰·史密斯在内罗毕以南 10 公里处从正在飞行的飞机上坠落，幸免于难。"

（4）根据原句逻辑推理出"有……"类型的一般陈述："有人从正在飞行的飞机上坠落并幸存下来。"

（5）陈述（2）和陈述（4）相矛盾。如果两者相矛盾，则该假设被证伪。“没有人从正在飞行的飞机上坠落并幸存下来”这种说法是错误的，因为“有从正在飞行的飞机上坠落且幸存下来的人”。

这一论证可以回溯到亨佩尔－奥本海默模型（the Hempel-Oppenheim model），该模型允许提出预测。根据该模型，预测与解释具有相同的结构。当一种普遍定律把两种现象联系在一起时，我们可以得出一个预测：第一种现象的出现保证了第二种现象的出现。

解释的结构特征是，待解释的事实（Explanandum）以描述或若干陈述的形式给出，而解释要素（Explanans）则由两种判断构成。它必须至少包括一个理论假设或一个定律，以及至少一个描述性陈述。我们可以提出以下模式：

1. 定律 + 2. 背景条件 = 解释要素

依据 1. 定律和 2. 背景条件加以解释的语句 = 待解释的事实。

我们可以通过一个例子推导出解释过程：

假设 / 定律：如果存在一个定律，即所有的金属都是电导体。

背景条件：如果某根杆子是金属做的。

待解释的事实：那么这根杆子是一个电导体。

对证伪和解释过程的逻辑论证的明确性不能掩盖认识论层面存在的一个基本难题。假设甚至基本的陈述并不直接指向感官感知，而是指向关于感官感知的陈述。这意味着，他们指的是以语言（解释学）为中介的现实，因此在验证过程中可能会出现错误。现实与基本的陈述之间的一致性总是相对的，尽管它是经验分析研究的核心目标。基本陈述与现实之间的一致性始终存在疑问，这意味着不可能有肯定的验证。对于批判理性主义来说，研究者决定着对基本陈述的接受或拒绝。于是，真理就成为“科学家共同体”的共识或异议问题。

因此，信息内容与其评估之间、解释力与真实性之间存在着密切联系。理论或假设越是经得起证伪的尝试，它们就越强大，因而也就越有效。这一点可以通过反复的验证来证明，而这种验证的价值主要取决于所用的工具和尝试证伪的次数。在社会科学中，陈述的信息内容也受到限制，因为在社会科学中不可能有不受时空限制的陈述。

社会科学所使用的假设是具有非确定性的有效性主张的假设，即有问题的假设（= 有一定可能性的假设）。它们的有效性主张是统计性的，只能用百分比来表示。例如，“大约 95% 被定罪的人会再次犯罪”。这一陈述意味着，被定罪的罪犯再次犯罪的可能性是 95%。对于概率这一抽象的概念来说，这意味着“当对象具有特征 A 时，它们具有特征 B 的概率是 P”。这一判断表明：“在具有特征 A（P，N）的每个对象集合 N 中，这些对象都具有特征 B。”

这一判断意味着统计定律在原则上相当于确定性定律。但在统计假设中存在双重错误的可能性：人们把错误的认为是正确的，或者由于看似矛盾的实验数据而反驳正确的假设。由于概率中的不确定因素更多，因此，相较于确定性定律，科学家之间就事物的有效性达成共识更为重要。

科学家之间的共识依赖于对特定历史－社会情境下的共识构建。由于科学要求相对于价值的独立性，批判理性主义几乎没有可供使用的标准来判断共识构建过程中的历史－社会影响。这是这一科学范式的一个局限，一些捍卫者希望通过引入批判理论来克服这一缺陷。

（五）作为理论应用领域的技术

根据批判理性主义，理论用来解释、提供预测和开发技术。在这三种情况下，应用领域的逻辑结构是相同的。在社会科学中，技术作为理论的应用领域尤为重要。它与预测的区别在于它在实践中可以直接应用。技术是独立于其创建者的程序和产品，它可以对社会实践领域进行干预。技术在解释与应用过程中的逻辑结构是相同的，它可以扩展到目标－手段的思维模式。这些技术（如教学方法）被用来实现最初由理论预先确定的特定目标。与这一目标与手段无关的过程被排除在外，因为它们无法让人们达到已经设定的目标。只要教育的决定性目标是由未参与教育实践的人决定的，只要技术是实现这些目标的手段，技术就会成为控制或操纵特定社会实践的手段。在某些情况下，这甚至会变成一种支配，批判理论已经反复指出了这种危险。

在技术的应用中，理论与实践之间的关系是实践依赖于理论。实践必须根据理论所阐述的目标来确定。在教育实践中为理论目标寻找依据的可能性被排除在外。因此，理论与实践之间的关系是单方面的，实践从属于理论。而且，这种关系只发生在目标－手段框架内。

由于实践依赖于理论，技术在教育科学和其他社会科学中的应用导致了科学家与实践者之间的矛盾。

随着“互动”观点的发展，传统技术概念的局限性应当更容易被克服。理论与实践的关系不应再被理解为线性的、有目的的关系。相反，它应被放在理论与实践“互动”的语境下看待。但是，这种对“技术”的互动意义上的理解是否还是以“技术即科学的功能”的科学理解为标准，就存在疑问了。我们真的可以像批判理性主义所理解的那样谈论“技术”吗？当然，不这样做似乎更明智。因为在教育中使用“互动”方法和工具时会发生许多解释学过程，在这些过程中会考虑到批判理性主义科学理论所不允许的方面。

（六）价值判断、基本价值和评估

阿尔伯特建议区分“价值判断”“基本价值”和“评估”（Albert，1965）。他所说的“价值判断”是指科学语言中唯一的规范性判断（如“教师必须公平”）。他进一步将科学的“基本价值”区分为包含不同科学的规范性框架（科学作品所参照的价值、它们对科学理论假设的影响、研究主题的多样性、对特定技术和方法的选择和对相关研究成果应用的选择）。最后，他对那些将价值作为科学研究领域的研究进行了区分，对规范性陈述的经验检验也是其中的一部分。例如："23% 的学龄儿童有严重的社会心理问题。"

根据批判理性主义，这种判断不是规范性的，而是描述性的。它可以在批判理性主义的基础上得到验证。对不同价值类型的区分使得批判理性主义能够证明自身是一门独立于价值判断的科学。

但有一个问题仍然存在：依据独立于价值判断的要求，社会实践的问题在科学上仍然是无法解决的。如果忠于无涉任何价值判断的科学理念，就不可能通过科学来解释规范和有意识地发展实践。对科学独立于价值这一观念的批判在实证主义和批判理性主义中都是有效的。在传统实证主义中，规范性陈述被认为是无意义的，这就将价值导向的实践排除在主体间的讨论之外。批判理性主义将陈述和规范纳入研究的对象，进一步发展了这一问题。但它们在社会实践背景下的意义仍未得到讨论。

阿尔伯特制定了一系列元理论规则，用于验证规范性陈述。一方面，必须分析规范性陈述的逻辑，并面对可能存在的逻辑矛盾。因此，规范性陈述必须得到检验，以揭示"在其证明过程中是否出现了形而上学陈述"。另一方面，必须考察规范性陈述与现实之间的关系，以验证它们所包含的要求是可以实现的。批判理性主义的元理论规则体系可以从对（描述性和规范性）陈述的批判性验证中推导出来，人们不禁要问：独立性这一论点还有什么意义？实证主义已经提出了这个问题。在这场争论中，人们清楚地看到批判理性主义要为自己的元理论辩护是多么困难。阿尔伯特强调了理论选择的非理性特征。根据哈贝马斯的观点，这种认识实际上不过是一种信念行为。对阿尔伯特来说，“在盲目的决定与亲眼看到结果且这种结果构成有根据的知识的决定之间”，只有一种选择（Albert，1972，p. 297f.）。这一困难表明，即使在批判理性主义中，也不可能始终保持“批判性验证”原则与“论证”原则之间的对立。

（七）批判理性主义的进一步发展

现在，我们把注意力转向某些与理论建构和批判性验证有关的问题。

费耶阿本德（Paul Feyerabend）认为，如果只有借助理论才能理解现实，那么就有必要对知识进行最大限度的评估。为此，他提出了两条促进科学进步的原则：“扩散原则”（Proliferationsprinzip）和“韧性原则”（Prinzip der Beharrlichkeit）。基于第一条原则，他推断，必须阐述与时代精神不一致的理论。（Feyerabend，1965）即便是在有成熟理论的背景下，他也试图提出尽可能多的其他选择。他指出，这些其他选择是必要的，因为它们可能揭示质疑公认理论的要素。因此，对社会公认理论的评估不再是通过其与事实或基本陈述的对比来实现，而是通过这一理论与相互竞争的理论的交锋。对费耶阿本德来说，理论的多元性在今天是必要的，因为它为任何声称是客观的知识生产提供了条件。但费耶阿本德也意识到，对理论的批判来说，仅仅考虑“扩散原则”是不够的。他还提出“韧性原则”。在科学实践中，当矛盾的观点出现时，理论不会被自动放弃。这种张力使得理论被强化，也使得一种进步的分析成为可能。承认或否定一个理论只能在历史进程中得到实现。像波普尔认为的那样，批判理性主义在这里获得了一种历史维度，这一维度补充了科学分析。因此，费耶阿本德阐述了科学发展所必需的两个原则。

然而，这两个相互矛盾的原则之间的关系问题仍然存在。由于这一问题未被回答，科学发展也就很难得到进一步分析。在这一难题上，费耶阿本德选择了一种无政府主义的知识理论，这种理论“将扩散提升为最高原则”，而不是科学的停滞，后者是韧性原则的必然结果。

拉卡托斯（Imre Lakatos）也发展并完善了波普尔构想的经典证伪过程。理论验证是波普尔方法论的核心，而拉卡托斯将科学研究计划看作一种需要被研究的更全面的视角。与单个理论相比，该研究计划的内容具有连续性。在这个背景下，被认为不恰当的理论会被更好的理论所取代，但不影响研究计划的连续性。必须保持这种连续性，以确保研究计划以及与之相关的理论的特性和连续性。在整个研究计划实施的进程中，这些理论会被重构、修改，并以新的形式建立起来。与波普尔相反，拉卡托斯认为，尽管理论已被证伪，但坚持理论是合理的，在科学上也是正当的。

通过将波普尔的证伪原则应用于波普尔自己的理论，拉卡托斯更进一步地否定了波普尔证伪原则的有效性。他提出了一个元标准来验证科学方法论。因此，如果一个理论与公认的基本陈述相矛盾，那么它就会被否定。此外，如果一个合理的理论与学界所接受的规范性陈述相矛盾，那么它就必须被否定。

波普尔本人不得不承认，根据他自己的科学原理，科学史上有一些例证会被认为是非科学的，但至今科学界仍然认为这些例证具有重要的意义。

在进一步展开讨论之前，让我们强调两个对批判理性主义来说非常重要的结论。一方面，随着费耶阿本德观点的提出，波普尔提出的证伪原则被相对化了，这一过程的结果是出现了一种得到证伪的具有启发性的理论；另一方面，理论对研究共同体的依赖也得到强调，研究共同体决定了什么被认为是"认识的进步以及我们的科学理论日益向真理靠近"。

由于科学理论越来越接近于科学实践，通过抨击证伪原则的绝对主义，人们认识到研究共同体的重要性，进而能够承认科学史所发挥的作用。库恩、拉卡托斯、费耶阿本德和波普尔都为此做出了努力。今天，这段历史必须被视为批判理性主义的重要组成部分。因为，理论的有效性最终是通过历史进程来决定的。因此，理性主义考虑到对批判理论的关键批判。批判理性主义中某些悬而未决的问题在科学实践中找到了答案。背景的意义问题在科学实践的层面得到了考虑。因此，我们可以看到一个认识论与科学实践相对立的例子。

九、参与式经验研究

基于对批判理性主义赋予科学之于价值的中立性以优先地位的批判，1965—1975年，一系列关于教育科学经验研究发展的著作问世。这些研究将行动作为教育科学的新范式。

在本部分，我们将介绍莫伦豪尔、布兰卡茨、兰佩特（Wolfgang Lempert）和克拉夫基的研究，他们试图在教育科学的背景下明确经验研究与批判理论之间的联系。关于教育科学中解放研究的可能性和局限性，必须考虑以下问题：

- 我们如何解释教育的批判理论与经验研究之间的关系？
- 教育研究如何既满足科学要求，同时又为人类解放做出贡献？
- 最后，我们必须如何构想教育科学中不同范式（例如“经验的”“解释学的”“批判的”）之间的关系？

1. 莫伦豪尔是最早提出有必要在经验分析研究与解放计划之间建立联系的教育研究者之一（Mollenhauer，1966）。他思考的出发点是区分两种教育科学：（a）以规范有效性和合理性为导向的教育科学，他将此描述为原理科学，其目的是传达教育行动的一般概念框架；（b）在一定的时空条件下为日常教育行动制定具体规则的教育科学。批判理性主义朝着以经验为基础的、具有科学自主性的教育科学方向发展。关于原理与经验之间的联系，莫伦豪尔指出，理论陈述必须与经验联系起来。他指出，基本概念对于参与式教育科学来说是必要的，这些概念从一开始就不与建立在经验可观察的事物基础之上的陈述逻辑相矛盾。莫伦豪尔批评了批判理性主义的线性方法，认为这种方法存在固有的“保守因素”，因为它倾向于将可能的问题限制在现有方法能够解决的范围内。在通常情况下，被质疑的事物的答案是由研究者提出的问题引出的。

在经验方法中，研究对象是独立的，或是以某种有距离的形式被构建的。这导致了对象的物化。这种物化与经验研究的目标，即“对资产阶级社会中人的物化存在过程的批判性回应”相矛盾。莫伦豪尔解释说，经验研究实际上可能会偏离目标，以至于研究工具限制了人们找到独立于研究工具的理论的能力。所探索的理论的目的在于建立一种使经验研究合法化并将其付诸实施的兴趣。

经验方法常常寻求在社会科学中的应用，这与其构建对人的物化的批判性回应的目标相悖。为了消除这个困难，必须阐述一种更高级的批判理论。

这种教育的一般理论赋予参与和遵循元理论的解放目标一种根本的作用。与该领域问题相关的实践研究必须与发展和解放的目标保持一致。这种选择意味着放弃批判理性主义的捍卫者所主张的保持科学的价值中立。相反，教育科学经验研究的目标必须与参与式教育的总体目标相结合。

2. 布兰卡茨（Blankertz，1966）遵循相同的路径。他指出，**理论是可能性与现实之间的张力**。这种对理论的批判性特征的认识要求教育理论是整体性、全面性和超越经验的理论（经验理论是简化的、缺乏参与性的）。所有的实践都是根据其目标而被思考的。研究者和实践者都可以在理论与经验研究之间保持一种辩证张力。教育学理论只能超越经验研究理论的框架，因为它应该符合一种它必须捍卫的规范性框架。

布兰卡茨坚持在教育与“先验”主体之间建立联系。作为一种社会现象，教育学在解放和行动中找到了自己的意义和方向。以这种方式理解的理论批判了人的物化和异化……，因此，教育理论必须处于实践之外的另一个层面，这不是出于对实践的蔑视，而是因为实践必须建立在超越自身的计划之上。

3. 兰佩特的研究强调了**参与式研究**的概念。他的目标是阐明研究和行动。兰佩特的出发点是教育研究应遵循的目标和兴趣是什么，能够针对这些兴趣进行经验研究，以及如果针对某些兴趣进行经验研究，会对研究任务产生哪些影响。经验研究必须考虑以下三个方面。

（a）与所有研究一样，教育研究是由其目标定义的，也就是说，这不是在中立研究和参与式研究之间进行选择的问题，而是在盲目的研究和意识到自身在参与的研究之间进行选择的问题。

（b）在主体间的层面上，人们必须能够根据其合理性对研究进行评估。

（c）新的兴趣有助于重新定义教育研究的任务。

考虑到这三个方面，兰佩特要求教育研究是参与性的：它必须既是批判的又是自我反思的。教育研究的目标不应局限于个人或集体的视角，而应着眼于人类在历史发展中的整体利益。

依照哈贝马斯（Habermas，1966）的观点，兰佩特在制定参与式研究计划时区分了技术的、实践的和解放的认识兴趣，据此他定义了以下三种范式：经验分析（empirico-analytical）范式、历史－解释学（historico-hermeneutical）范式和批判－解放（critical-emancipatory）范式。这三种范式在教育科学研究的语境中都具有重要意义，但解放的兴趣占主导地位。

技术的兴趣与经验分析研究紧密相关。它旨在对客体化过程进行技术应用、使研究合理化以及对知识进行技术利用。

实践的兴趣集中于使主体以行动为导向发展，并改进交往过程。

最后，解放的兴趣将参与式研究引入教育科学，通过使人从各种束缚中解放出来，帮助人找到自主性。“解放是在与束缚做斗争，这些束缚不仅是由物质上的暴力造成的，而且是由偏见和意识形态的力量造成的。对这种力量必须从根本上加以探讨，并通过自我反思加以批判性分析。”（Lempert，1971，p. 318）

教育科学的前两种兴趣对象与教育科学中的参与之间的联系决定了研究内容，并要求传达研究成果。因此教育过程包括以下方面：

- 分析教育领域中很少被考虑的支配条件；
- 从中推断出有助于个人理解的认识；
- 评估第二阶段的结果。

4. 克拉夫基将教育科学视为**批判性**和**建设性的科学**。对他来说，实践必须被纳入整合了上述不同范式的教育科学中。

批判经验研究必须根据自己的目标解释其假设并评估其结果。它必须通过对意识形态的批判性质疑，以及一种以自由平等社会中人的自由思想为基础来进行分析和批判的取向来得到发展。

按照克拉夫基的观点，在社会－批判的教育科学语境中，人们可以将经验研究与解释学方法之间的关系描述为一个动态和交互的过程：解释学提出问题和假设，经验研究通过实验验证这些假设。解释学评估由此获得的结果，并从中推断出用于新的经验研究的新假设。在这个过程中，解释学、经验研究和批判理论的互补性是显而易见的。经验研究使我们能够建立新的规则或定律。但是这些定律可能会受到意识形态批判的分析，也可能被修改。

总结与展望

1. 自 20 世纪初以来，经验教育科学批判性地与关注教育科学的历史而掩盖了教育实践发展中的经验维度的人文主义教育学保持距离，将教育科学的重点转向经验科学研究。经验教育科学被认为是一门实证科学，其任务是将有关教育现实的“事实”转化为知识。然而，经验教育科学并没有认识到，科学所认为的“事实”总是取决于理论以及规则的元理论体系。

2. 经验教育科学的发展经历了不同的阶段。它基本上遵循了实证主义科学理想的方向。批判理性主义对以实证主义为导向的经验教育科学做出的贡献是显而易见的，无须赘述罗特和蒂尔施的作品来建立解释学与经验主义之间的联系，也无须赘述布兰卡茨、莫伦豪尔、兰佩特和克拉夫基的作品来建立批判理论与经验理论之间的联系。这一由波普尔首先提出的科学学说不仅决定了经验教育科学，而且在布雷钦卡的研究中，它还勾勒出以对统一科学的科学理解为基础的综合教育科学的图景。

3. 经验教育科学的总体目标是描述、解释和影响教育领域的特定社会现实。因此，根据批判理性主义的科学理论，应将其与探讨既有“教育事实”的实证主义研究区分开来。当代经验教育科学认为，教育社会现实只能根据先前发展的理论来把握，直接“无理论地”接触这种现实是不可能的。因此，试图找到精确且可操作的明确概念，以及根据现实或理论所把握的有关现实的基本陈述进行理论验证，在受批判理性主义启发的教育科学中发挥着核心作用。

4. 从理论无法被验证这一事实出发，波普尔提出了证伪原则来评估理论。其目的不再是通过评估来指出既有理论的真理内容，而是驳斥理论。如果理论无法被证伪，则可被认为是有效的。尝试证伪理论失败的次数越多，则该理论就越被认为是具有充分依据。这个过程大大改进了理论内部的真理评估方法。但是，批判理论认为这种方法是一种不可接受的还原论，它模糊了认识论的发展和人类历史的发展在何种程度上是由理论的价值所决定的。借助证伪原则，批判理性主义的标准成为判断理论科学性的唯一标准。这确实具有还原性。

5. 统一科学的霸权主张必须受到批判。批判理性主义发展了定义规则的元理论体系，在此基础上决定什么可以被视为科学的或非科学的，但无法证明这种规则体系的合理性。因此，批判理性主义必须依靠前科学论据才能使自己的参照体系被接受。

6. 批判理性主义关于概念的说明、定义、解释和应用的主张也应受到批判。因为它忽视了语言学分析和历史维度。实际上，只有在历史分析的语境下才能发现科学概念的重要性。此外，我们可能会质疑，基本理论概念是否有可能在社会科学中得到普遍应用？维特根斯坦试图“证明一种通用语言是在语言学批评层面唯一有意义的语言”，但以失败告终，这使他发现了现实语言的丰富性，并认识到只能用日常语言来解释日常语言。维特根斯坦对失败的反思揭示了社会科学中对语言精确化可能性的限定是狭隘的。但是，对语言的任何理解和解释都被限制在这个循环中，这表明，学习说话和学会生活之间存在联系：语言构成了生活实践中的某个时刻。

7. 以批判理性主义为导向的教育科学旨在建立“准定律”。它涉及对规律性的认识。它假定现象的稳定性和发展的恒定性是规律性的原因。规律性、稳定性和恒定性最终被解释为法则性关系的表现形式。然而，我们没有充分考虑到的是，在社会科学领域，现象的背景是由社会定义的，并且它们使我们回到互动的体验中，在此之中，互动的社会条件和社会关系的结构被呈现出来。原则上讲，这些背景可以随时改变（准定律的相对性）。

8. 解释学和系统理论使人们注意到因果 – 分析性的解释模式的局限性。根据这两种思潮，对一个系统的阐释取决于因果 – 分析性的解释模式未曾考虑到的、更普遍的参照语境。由于这种限制，这些思想模式使因果之间产生了裂痕，实际上甚至是完全的断裂。但是，系统理论强调了两者之间的相互作用，甚至表明因果之间的分离有时是微不足道的。

9. 批判理论进一步发展了建立在因果关系基础上的因果分析解释模式。批判理论批判统一科学，因为它只容许那些可以立即运用并对知识的其他维度并不关心的知识。但是，如果获得仅在技术上可用的知识构成了批判理性主义的目标，那么，由此产生的研究也会倾向于验证社会对象领域中既有的矛盾。这种态度往往会否定社会的矛盾维度，从而导致所产生的知识减少，并使人际关系趋于物化，从而可能导致操纵甚至顺从。

10. 批判理性主义重点关注科学理论创立的背景，这必须受到批评，因为它遗忘了发展的背景（谁在使用它？为什么？）。批判理性主义将认识论简化到方法论层面。这种局限导致了问题的缩小，这是社会科学和人文科学所无法接受的，而且我们认为，中立的科学假设也无法解决这一问题。因为，社会科学不仅关乎“纯粹的”科学知识的获取，更重要的是揭示社会实践的意义，也就是我们所说的教育实践的意义。因此，科学产生和应用问题对于社会科学至关重要。这两个问题在任何情况下都不得被归结为不受控制的前科学领域。因为，在理论出现的背景中，这种理论的特性就得到了肯定。关系的形式和背景决定了理论的特征和价值。对于以实践为导向的科学来说，特别是对于关注科学运用的教育科学来说，这自然很重要，因为如果不参考其社会影响，就无法评估理论和知识的价值。

11. 一种理论是否只能在该理论的背景下被评估？或者是否可以考虑一个更高的标准，如主体标准或“人类的进化”标准（哈贝马斯）？对这个问题的回答各不相同。批判理论坚持批判理性主义的“主观主义”，即研究共同体应当有权决定科学知识的“社会”价值。

12. 科学家声称自己能够单独或在研究共同体的范围内做出决定，这与将主体转化为研究对象的问题相矛盾。对于科学家来说，鲜活的主体只是其理论的兴趣所在，而没有被视为一个历史主体。客观起见，科学明确地区分了作为主体的研究者与研究对象。科学家将自己从社会的“其余部分”中清楚地分离出来，后者对他们而言仅代表可能的考察对象。这样，批判理性主义就构建了一个“二元”社会体系，其中不同的社会群体享有不同的权利。批判理性主义忘记了，只有在一个承认科学研究权利的社会中，才可能进行经验研究。因此，维持允许其存在的社会条件对于科学来说具有重要意义。

13. 这种科学范式在理论与实践关系方面的局限性也必须得到关注。它的特点是坚持理论的优越性，人们必须借助理论来获得技术，从而可以对教育实践做出不同的理解。在先前已在理论上确定的目标的基础上，技术的介入是可能的。因此，人们从实践中获得了改变理论的行动的可能性。但这忘记了科学理论仅仅出现在已经具有意义的实践背景中。理论出现的背景与实践之间的联系被忽视了。因此，这些理论不具有反思性。它们仍然与使自己具体化的教育实践保持着一定的距离。理论的实践背景被遗忘了。

14. 根据批判理论，批判理性主义将认识论简化为方法论。但是，通过方法论获得的知识往往只是科学客观性的表象。我们仅停留在表象层面，而没有抵达事物或研究背景的本质。一门不考虑现象本质的科学只能产生“知识的表象”。这种知识虽然的确与批判理性主义的内部要求并不矛盾，但这仅仅是因为社会和教育背景（实际上是现实）固有的矛盾被排除在外。这种知识是根据社会教育实践的现状而构建的，因此它是一种静态的认识。它无法把握历史性，也无法提供变革的方向。

第三部分

批判教育科学

教育科学的另一思潮由法兰克福学派的批判理论范式发展而来，它明显打破了人文主义教育学和经验教育科学的传统。与人文主义和经验主义运动相反，这一新思潮强调教育的社会性和历史性，并以社会、科学和主体的批判理论为支撑。根据这一观点，为了避免被操纵，每种教育科学在努力实现自我理解时，都必须考虑到对其产生和发展的社会条件的分析。这种新的批判思潮使人们能够按照批判理论去参与。在这里，教育被定义为社会和人类文化进化过程不可分割的一部分。

然而，对批判理论的参考并没有使批判教育科学成为一个自足的范式。一方面，批判理论源于对传统思想的否定。其目的是批判资产阶级社会及其科学活动。因此，批判理论并没有发展出一种“积极的”理论概念。另一方面，批判教育科学缺乏自足的范式的原因在于其方法的多样性。它借鉴了相邻社会科学中与批判理论相关的知识资源。此外，人们不应忘记魏玛共和国时期（1918—1933 年）发展起来的社会思想对教育世界的影响。

尽管批判教育科学有着这些不同的起源，各种方法强调的要素也各不相同，但它们有一些共同的要素。

1. 反思教育思想的社会政治局限性，反对教育相对于社会的理想主义的自主性要求。

2. 从具体的社会条件出发来理解教育实践的目标。

3. 批判教育科学理论建立在教育实践基础之上，并且需要考虑技术的支配力量和潜在的意识形态的影响；教育目标和“责任”是根据它们在实践中是否得到有效实现来评估的。

4. 主体是批判教育科学理论的核心关注点："如何构建教育场域，以便教育主体能够在教育过程中获得发展并构建自己的身份？"

批判教育科学致力于成为一门教育实践的科学：既为了实践，又通过实践，在实践中不断地进行自我反思和自我批判。其倡导者的核心目标是在特定的社会条件下认识什么是可能的，以确保教育过程的成功和不断改进。

十、批判理论：历史视角

批判理论对社会科学产生了重大影响，并极大地推动了 20 世纪六七十年代的学生运动。我们相信批判理论中的某些观点仍然会对教育科学的发展产生重大影响。接下来，我们将对此进行阐释。

（一）传统理论与批判理论（霍克海默）

20 世纪 30 年代，霍克海默在《社会研究杂志》（*Journal for Social Research*）上发表了一系列文章，提出了"法兰克福学派的自我理解"，这一定义在该学派的第一批主要倡导者在第二次世界大战后从移居的国家回到德国后产生了重大影响。对于战前曾是法兰克福大学社会研究所成员的哲学家和社会学家来说，对政治经济学的批判是批判理论的基石。在面对恐惧和大规模贫困造成的社会动荡和阶级冲突时，法兰克福学派的理论家仍然能够将他们的理论研究定义为迈向革命斗争的一步，或者说是革命斗争的批判意识。霍克海默在《传统理论与批判理论》(Traditional and Critical Theory) 一文中明确阐述了批判理论的基本原理。这些思想在今天仍然很有意义。

该研究讨论的是资产阶级科学无法理解自身的问题。霍克海默证实，在一个特定的领域内，理论体现了某些命题，这些命题是如此相互依赖，以至于人们可以根据其中一个命题推导出其他许多命题。基本原理的数量越少，一个理论就越被认为是完美的。一个理论的真正有效性取决于科学命题与事实之间的关系。如果某个理论与经验出现了矛盾，那么必须对两者中的一个进行修正：因为要么观察是错误的，要么是理论原则出现了错误。当考虑到事实时，理论就变成了假设。

传统理论的任务是构建一个“普遍的科学体系”，其秩序只能在“演绎思维的语境”中才能建立。传统的理论体系并不是独立存在的，而是深受劳动分工结构的影响。劳动分工决定了理论的形成、运作和作用。但它并不质疑其存在的背景或其合法性的依据。霍克海默有充分的理由指出，这种理论观点接近于自然科学及其该领域的科学研究的观点。在他看来，必须通过假设来发展对“知识的物质基础”的视野。没有这种态度，资产阶级时代的技术进步是不可能的。这个过程无疑会导致社会自然基础的持续改变。当理论只是为了理论而存在时，它最终会导致物化。

霍克海默试图区分两种理论：一种是以表象为导向的传统理

论，另一种是认识到社会本质的批判理论。表象一般被定义为社会实践的产物。对一些人来说，世界是必须被接受和考虑的既定事物，事实上，（因为它存在并继续存在），它是整个社会实践的产物（Horkheimer，1970，p. 21）。因此，它必须由理论加以阐释，根据其历史渊源加以分析和解释，同时也必须考虑理论本身的历史性。因此，理论必须把社会世界看作劳动的产物，看作资产阶级社会特有的劳动分工和一定生产条件的结果。

批判理论根据事物的本质来定义表象。霍克海默已经证明，批判性思维的动力来自超越个体内在目标意识的尝试、自发性与理性之间的紧张关系，以及对社会基本工作过程中的关系的理解。批判性思维将人类视为与自身存在冲突的存在。确实，如果按照理性行事是人类特有的状态，但当代的社会实践却是不人道的，那么人类就必然会与自身存在产生矛盾。

资产阶级社会的现实与“作为自由人类的共同体的未来社会”之间的区别就是这样形成的（Horkheimer，1970，p. 30）。由于具有支配意志，个体并非孤立地生活，人与人之间的关系也不是通过交换的原则而被物化的。考虑到这种对“合理条件”的兴趣，批判理论必须反对社会不公正的再生产，这些不公正对传统理论来说并不构成问题，因为传统理论声称它在“一个运行的社会中无条件地扮演着积极的角色”（Horkheimer，1970，p. 37）。

从批判理论的观点来看，阶级、剥削、过剩、利润、贫困、瓦解等是一个概念整体的组成部分，我们不应该试图通过社会的再生产来解释它，而应该通过对社会的改造迈向更公正、更公平。批判理论拒绝任意性和偶然性。尽管从主流思想的角度看，它可能显得主观、推测性强且不完整。批判理论与主流观念中有助于维持过去的习惯相对立，并关注已经过时的秩序的活动。因此，从那些捍卫这个本质上是片面的世界的人的角度来看，批判理论必须以片面的方式行动。

由于批判理论反对社会中不断出现的剥削和压迫，其目的必然是对抗满足于表象的社会秩序。由于批判理论把减少统治和暴力与对人类进化和发展的兴趣联系起来，它常常被称为争取参与社会改革的理论的旗帜。这意味着需要进行意识形态批判和提出观点来改善社会状况。因为人类要想从现在的社会形态过渡到未来的社会形态，就必须作为有意识的主体，积极地决定自己的生活形式。尽管我们可能已经具有了"未来文化"的一些元素，但我们仍然亟须转变我们的经济关系。而人们"对理论无差别的敌意"是这一发展的主要障碍。霍克海默正确地强调了这样一个事实，即人类的命运取决于我们能否克服这一困难。批判理论、社会科学和教育科学如果想要参与历史的发展，就必须考虑这些条件。

（二）霍克海默和阿多诺的启蒙辩证法

在《启蒙辩证法》（*Dialectic of Enlightenment*）一书中，霍克海默和阿多诺展示了启蒙运动，更广泛地说，任何解放运动，是如何倒退到其对立面的。启蒙不能再被线性地解释为自由的增长。因为事实上，某些负面影响可能与解放进程相关。因此，启蒙既不能再被理解为康德所说的“人类从自己造成的不成熟状态中解放出来”，也不能再像黑格尔的观点那样被理解为辩证运动的过程、一种绝对精神的自我运动。在这种运动中，自然被理解为“异化”，历史被理解为“良知的获得”。

马克思主义立场则完全不同：启蒙是通过一个辩证的过程发生的，在这个过程中，必须实现对社会实践的改造。马克思借用了黑格尔的辩证法，但把它应用于真实的历史。因为正是通过人自身和人的劳动，历史才实现了人的产生和生产的辩证统一。在资本主义社会，“人的自然生产通过人类劳动而发生变化”。随之产生的政治社会关系意味着人对人的彻底否定和异化，因此需要否定这种否定。然而，资本主义的社会条件离这种情况还很遥远。关键的问题在于，在资本主义的社会条件没有彻底转变的情况下，启蒙是否可能。在霍克海默和阿多诺看来，人类不再需要在资本主义的进步中寻求启蒙的过程。

霍克海默和阿多诺的启蒙辩证法形成了以下双重理论的形态：他们说，神话本身就是一束光，而光又可以被转化为神话。他们展示了神话如何变成光，自然如何变成纯粹的客观性（即被理性化、成为被支配的对象）。人类为了自己权力的增长所付出的代价是，与受其权力支配的事物相疏远。因此，启蒙之于事物就像独裁者之于人。在这个与异化过程密切相关的统治世界的过程中，技术、科学以及传统哲学都发挥着重要作用。

如果理论还能作为唯一的统一科学的思想规范，那么实践就必然会被淹没在势不可挡的世界历史进程当中。在神话迈向逻辑主义的道路上，思想丧失了自我反思的要素。今天，尽管机器供养了我们，但它使人们变得软弱无力……。思想用数学、机器和组织等物化形式对那些把它们忘在脑后的人们实施报复，放弃了思想，启蒙也就放弃了自我实现的可能。然而，正是由于这种可能，启蒙在为现实社会服务的过程中，逐步转变为对大众彻头彻尾的欺骗。（Horkheimer and Adorno，1971，p. 5）

基于这样一种反映了第二次世界大战后局势的悲观主义看法，人们对 1937 年所提出的解释和改进社会实践的批判能力表现出困惑和怀疑。在《启蒙辩证法》中，批判第一次转向自身，并试图通过批判物化过程，来把握它有可能失去的反思时刻，在这个过程中，批判自身也被物化了。

（三）否定辩证法（阿多诺）

阿多诺的《否定辩证法》（*Negative Dialectics*）可以被看作对《启蒙辩证法》中所涉及的问题进行系统的重新考察的尝试。这一问题就是启蒙的倒退。阿多诺认为，“辩证法”一词最初的含义是事物并不等同于它们的概念，它否认一个事物与其概念相等同的传统准则。从同一性的观点来看，矛盾就是不同一。只要这一原则面临思维的局限，思想就会超越这些局限。辩证法首先是非同一性的逻辑意识。它不涉及先入为主的观点。辩证法不可避免的不充分性创造了辩证运动（Adorno，1990，p. 15）。

辩证思维被定义为当代哲学的首要任务。思想只有通过辩证法才能避免物化和内容的颠倒。只有在“否定辩证法”的语境中，思想才能摆脱概念的物化，使思想的主体能够接近哲学经验。哲学思想的任务是去理解那些在一个概念之内不可概念化的东西。这至少对当代哲学思想是有效的，其“真正的兴趣是那些非概念的、独特的、具体的东西”，即必须通过反对实证主义传统理论的物化来保护的东西。“否定辩证法”思想必须保护自己不被物化，因为它是唯一可以消除物化的方法。因此，我们可以概括“否定辩证法”的主要追求，以及它对“实证科学的认同狂潮”的反对，以“区分事物中可概念化和不可概念化的东西”。

为了避免倒转的启蒙辩证法，有必要走向认识的“否定辩证法”，即拒绝对概念和现实的任何调和，并对无法通过思想来界定的“非同一性的”现实的体验保持开放。阿多诺认为，“幻象”的起源在于对具体主体的假设。作为资产阶级社会构成要素的思想对事物和权力的掌控已经彻底失败，以至于现在反过来，“统治者”被支配、变形和分裂。思想原本试图反对“无知的统治”，最后却演变成了“逻辑的统治”。这种“逻辑的统治”已经成为当代人思想中的主导意识形态，并导致了人类历史的终结（Kamper，1974a，p. 81）。

阿多诺激进的辩证法和反思性思维是哲学思考无法回避的挑战。在行动科学的科学理论反思背景下，问题的关键在于，对于社会实践的“否定辩证法”思维是否还能够意识到其自身的物化，或是否能够保护自身不被物化。将社会实践解释为超出理性领域的观点，与“人是基于思想而行动”这一对人类主体性的理解是一致的，主体借此可以摆脱社会的物化，也可以摆脱自身的物化。

对于教育科学而言，把实践纳入理论会导致实践本身的毁灭。这是“否定辩证法”的结果，可以理解为对行动科学的否定。然而，作为一种教育实践，教育科学必须忠于其对行动的责任。如果缺乏这种责任感，当今社会中的剥削机制将会在遭遇反抗的情况下被放任，哪怕是最微小的改进空间也会因此消失。然而，一种成功的教育实践承载着人类的发展。此外，无论是否承认，教育实践都与社会紧密相连。在这里，为了避免思想的物化而放弃实践的想法是没有意义的。在教育科学的语境中，即使思想有部分被工具化的危险，人们也必须试图通过注意解放的可能性来使教育实践更加自觉。事实上，解放取决于教育和政治行动。

（四）单向度的人（马尔库塞）

认识到每一个社会存在的创造力如此复杂，以至于我们无法感知整个过程，这也是马尔库塞研究的核心部分。事实上，马尔库塞在 1937 年发表于《社会研究杂志》的一篇题为《哲学与批判理论》（Philosophy and Critical Theory）的文章和后来出版的著作《单向度的人》（*One-Dimensional Man*）中都表达了这一主题。然而，在这篇与霍克海默的《传统理论与批判理论》同年出版的文章中，马尔库塞从这样一个事实出发：社会存在的全部生产只能被正确地理解为资本主义生产的结果。因此，社会批判理论与唯物主义紧密相连。马尔库塞证明了社会理论是一个经济系统，而非哲学系统。最重要的是将唯物主义与社会权利理论结合起来的两个时刻：一是对人类幸福的关注；二是确信如果不改变一个人的具体生存方式，这种幸福是无法实现的。

马尔库塞从经济和政治的关系中看到了通往幸福之路。理论或哲学的任务不是获得幸福，也不是创造一个新社会，而是实现“被解放的个体的自由劳动”。依赖于想象力，理性的任务是在这样一个社会被实现之前先勾勒其轮廓。根据马尔库塞对理性与社会实践之间关系的定义，随着理性概念被理解为自由，哲学似乎已经达到了它的极限；所余下的，即自由的实现，不再是哲学的任务。这种理性与“人类自由”的关联是批判理论的核心。它使我们意识到，通过想象勾勒出的合理社会的条件并非总能实现，因为人类的革命潜力似乎可以被中和机制所麻痹。在这种情况下，可能性与现实会合并成一个向度。这是马尔库塞《单向度的人》的核心主题，也是阿多诺的《否定辩证法》讨论的主题。在当代社会情境中，批判理论的任务是依据社会改善人类状况的能力来分析社会，但它所处的社会结构背景似乎剥夺了它的全部基础。

社会施加了一种大多数人都愿意接受的非理性统治，因为人们满足于这种以个人的生活水平和消费自由为核心价值的方案。这一改良主义的方案遮蔽了大多数人自身的利益和自我实现的可能性。

同时它也关涉人类的技术工业发展导致的同质化和社会进步的意识形态责任。在这种情况下，批判理论的困难在于，面对“发达工业社会的全面统治”（马尔库塞），支配和全面管理人类生活的非理性必须被揭示出来，人类必须意识到这些非理性。如果社会包容一切，甚至矛盾，就没有批判的空间了。

马尔库塞揭示了魔法与科学、生命与死亡、快乐与痛苦，也就是所有以前相互对立的领域现在如何通过技术与政治融合在一起。技术的美丽面貌（如核能的高效和作为清洁能源的潜力）往往掩盖了其潜在的巨大恐怖（如核事故的危险性和灾难性），实验室在宜人的环境中变成了“工业园区”。

这种整合机制占据了主导地位，甚至战胜了批判，因为它给人一种非理性的表象，而实际上它把社会的非理性作为理性的典范。这是单向度的人的核心特征。

在当今时代，技术控制似乎是理性的体现，有利于所有群体和社会的利益，以致一切反对都显得不合理，一切反抗都变得不可能。因此，在这个文明最发达的地方，社会控制被引入，个体的抗议被压制，也就不足为奇了。在智力和情感上拒绝“参与”被认为是神经衰弱和无力的表现。

在现代社会中，理性看似非理性，而非理性看似理性，个体唯一能够诉诸的手段就是“否定的力量”。拒绝是个体避免自己由理性转向被非理性支配的唯一机会。但是，拒绝非理性的支配几乎是不可能的，因为技术借助其表面上的“中立性”对人进行全面控制，从而使人的思想不受批判。单向度的生活需要“单向度的思想”，这种思想必须不仅不受超越的影响，而且也不受批判的影响。单向度的生活需要“单向度的思想”，这种思想不仅必须免除超越，也要免除批判。严格地说，它抵制任何反思。在马克思看来，技术的解放性已经被颠覆了。技术已经成为使生产过程和生产关系合理化的手段，但同时也成为使人屈从于支配逻辑的手段，人类自身已无法摆脱这种逻辑。支配关系产生了人的单向度，借助新的控制形式、政治的排斥和批判的融合，这种关系在社会和思想中牢牢地确立了自己的地位，以致任何社会变革的希望都被削弱了。即使我们从整体上接受这种分析，人们仍然会质疑从这种分析中得出的结论（拒绝参与和合作）是否适用于诸如教育科学这样的行动科学。

（五）认识与人的兴趣（哈贝马斯）

哈贝马斯的研究极大地促进了批判理论的发展，他致力于深入考察和阐明自批判理论诞生以来就一直存在的问题。哈贝马斯对教育科学产生了巨大的影响，他的影响甚至超过了20世纪60年代研究教育政治及社会化问题的霍克海默和研究教学在社会中的作用的阿多诺。这是因为，原本隐含在法兰克福学派中，并在霍克海默、阿多诺和马尔库塞的作品中被简略揭示的教育思想最终在哈贝马斯的研究中得到了明确表达。

从教育科学的角度看，哈贝马斯的贡献对认识论、传播学、语言学以及角色理论、行动理论、社会化理论和社会理论都是至关重要的。

1965 年，哈贝马斯在法兰克福的首次演讲中将哲学重新定位为认识的批判者。认识论哲学和社会批判的目的在于促进科学的自我反思。哈贝马斯在社会理论、批判认识论哲学和科学之间建立了密切的联系。这三个领域同样具有自主和解放的兴趣，它们并不仅仅指向个体形成的过程，而且指向人类教育的过程。只有参照物种的发展过程，个体的教育和解放过程才能得到恰当的评价。个体教育的过程取决于世界发展的历史－社会状态和“人类物种”的境况。对于批判教育科学来说，这一观点至关重要。

这意味着在实践理性、工具理性和批判理性之间建立一种联系，并在下述三种不同的认识兴趣的基础上论证这种联系的合理性。

- 技术的兴趣，旨在使成果或技术产品尽可能广泛地为人们使用并受益；
- 实践的兴趣，以理解生活的核心问题为导向；
- 解放的兴趣，致力于消除对人的统治。

哈贝马斯解释了他对认识兴趣的理解：

认识兴趣是一个特殊的范畴，它不同于经验与先验之间的区别，也不同于事实与符号之间的区别，还不同于定义、动机与认识之间的区别。因为认识既不是一个有机体适应变化的环境的简单工具，也不是一个纯粹理性的存在的行为。这种作为沉思的认识（一种抽象的、理论性的知识状态），远离了生活的问题。（Habermas，1973，p. 243）

理论并没有十分清晰地确定各种认识兴趣的地位。三种兴趣类型不是结构性的，而是情境性的。不同的“认识兴趣”得到不同的定义，这一事实构成了特定历史－社会情境的表达，其中统治世界的兴趣、人类理解的兴趣和解放的兴趣是不同的。技术和实践的兴趣深深植根于行动和经验的结构中，与社会的构成条件密切相关，而解放的兴趣则是另一种情况：它将理论认识与生活实践联系起来。生活实践本身依赖于一种系统的畸形的交流和一种看似合法的压制。

与霍克海默和马尔库塞不同，哈贝马斯并没有试图超越对理性的三种类型的划分。他认为这是既定的事实。为了阐释哈贝马斯的方法，我们可以参详他关于实证主义之争、解释学批判和系统理论的作品。在这些认识论作品中，哈贝马斯批判了各种学派的假说。作为一名意识形态批评家，他对那些在当代作品中未被阐明的假设提出疑问，并努力削弱批判理性主义、系统理论和解释学对普遍主义的主张。哈贝马斯对当代科学理论对于资本主义社会的作用很感兴趣，在资本主义社会中，科学已经成为一种“生产力”，被统治体系工具化，用来促进自身的利益，因此，哈贝马斯建立了一种意识形态批判。哈贝马斯针对不同的科学方案所提出的批判，往往既是科学的批判，又是意识形态的批判。他反对对当代不同科学领域统而论之。

哈贝马斯把建设性行动置于比批判性方法更为重要的位置。它通过自我反思来丰富科学，这种反思总是包含预先的批判。他用

“建设性行动”来补充批判。要慎重考虑“为了实际目的而勾画出的社会理论的构想”（Habermas，1972，p. 10），就必须将科学主张与基于实践的理论结构联系起来。为了成功实现理论与实践之间的互通，以下三方面必须相互联系：

- 创造和发展能够抵制科学话语的批判性定理；
- 组织解释过程，据此，这些原理可被运用，并在反思过程中加以验证；
- 选择适当的策略，解决战略问题，开展政治斗争。

以上第一个方面对应的是判断，第二个方面对应的是可证实的判断，第三个方面对应的是明智的选择。

哈贝马斯区分了以实践目的为视角而构建的理论所必须考虑的三种功能，从而超越了批判理论的否定性。我们的目标不再是简单的批判，而是组织解释的过程，制定适当的策略。因此，批判理论找到了通向行动领域的实践回归之路，理论与批判的关系获得了新的性质。因此，批判理论在教育实践中发现了一种新的兴趣。

十一、批判理论的核心概念

纵观其历史，批判理论发展了一系列重要的基本概念。我们选择展示对教育科学有用的概念。探讨教育科学中批判理论的核心概念并不意味着批判理论已经形成了一种教育理论。相反，我们可以看到，批判理论为教育理论提供了要素。教育的批判理论必须依赖于这些概念，来为理论的建立提供指导。

提出批判理论的参照点是一件困难的事情。这些概念彼此间的联系过于紧密，以至于人们无法明确地区分它们；人们必须不断地在不同概念之间进行切换。因此，我们将尝试构建一个思维链条，以便将各个概念的语境关联在一起，从而形成一个整体语境。然而，我们并不是想要发展一个批判理论体系，因为这将与其意图相悖。

（一）启蒙

在到目前为止的论述过程中，我们可以清楚地看到，批判理论与欧洲的启蒙传统紧密相关，并且试图进一步发展它。事实上，批判理论是在人类解放的历史运动中形成的，康德确立了这一运动的目标。对康德来说，启蒙就是人类要努力摆脱自己所造成的不成熟状态。不成熟状态是指一个人无法运用自己的理性。当不成熟状态并非源于缺乏理性，而是源于缺乏使用理性的勇气时，我们就要为这种不成熟状态负起责任。**勇于使用自己的理性**！这是启蒙运动的口号。

启蒙思想有系统性和历史性的一面。启蒙可以被这样解释：启蒙运动被认为是一种历史运动，其内容是争取人的自主性，即通过自主决定获得自由。因此，实现理性解放的努力具有哲学性和社会性特征。

康德清楚地看到启蒙的这两个方面，但他的启蒙概念是有局限性的，因为在他看来，人运用理性的能力主要源于个体自身的表现，并且只是部分地受到当时社会条件的限制。批判理论强调人的自由和自主决定依赖于人的历史－社会发展状况，这在一定程度上修正了康德关于启蒙解放运动的看法。

批判理论认为，理性的解放不仅仅在于在教育和个人发展中对理性的良好运用，而且要考虑到人们在政治领域中必须抗争的社会条件。从这个角度来看，启蒙包括挑战任何无法被理性证明的权威和统治，坚持将自主和自由作为人类发展的目标。

如果没有当时的社会条件，以个体的自主以及个体与环境的斗争为目标的解放理性过程有时可能会导致相反的结果。霍克海默和阿多诺将这种危险描述如下：

> 就进步思想的最一般意义而言，启蒙的根本目标就是使人们摆脱恐惧、确定自主。但是，被彻底启蒙的世界却笼罩在一片因胜利而招致的灾难之中。（Horkheimer and Adorno，1971，p. 7）

因此，霍克海默和阿多诺强调了启蒙向神话和“疯狂”的转变。当个体通过运用自己的理性，凭借自我肯定的绝对力量来统治世界的时候，神话和疯狂就会威胁启蒙。将个体从其陷入的依赖性中解放出来就成为一个新的枷锁，个体必须从这个枷锁中再次解放出来。个体试图通过对抗社会来肯定自己，这导致了他的孤立和物化。他坚持人类社会组织的合理性，这使他屈服于统治的合理性，而这种统治是如此具有组织性，以至于完全支配了他。

从这个角度来看，实际发生的事情其实背离了意图。启蒙所创造的逻辑，似乎有益于人际关系的秩序，但作为权力机器的支配逻辑，它变成了一种“统治逻辑”，个人在严格的约束中接受这种逻辑。社会几乎可以毫无障碍地施加这种约束，因为“单向度的人”借助他的“单向度的思想”，容易认同并接受压在他身上的这种约束。（Kamper，1973，p. 102ff.）

面对这种情况，在批判理论的背景下，我们勾勒出了三个方向，目的是在倾向于克服理性解放进程的限制性条件下实现启蒙。

第一个方向是避免解放过程物化的危险，这在阿多诺的《否定辩证法》中有所概述。它关注的是通过将启蒙本身所固有的批判之光照耀到启蒙本身，来重新建立理性解放的真理。启蒙必须把每个人从他的不成熟状态和物化中解放出来。这项工作必须通过对工具行为的（表面上的）合理性的批判来实现，工具行为实际上不断将认知过程物化，并掩盖了最初设定的目标。从这一点出发，批判性思维必须考察那些尚未被概念化的过程和事件，或那些由于概念的抽象程度而尚未被概念化并因此逃避了理性活动的过程和事件。阿多诺将其总结如下：

根据历史状况，哲学真正的兴趣在于：黑格尔（与传统一致）宣布他不感兴趣的东西，即非概念的、个体的、特殊的，亦即自柏拉图以来就被当作暂时的、无关紧要的、被打发掉的东西——黑格尔给它们贴上“惰性的存在”的标签。哲学的主题是质，但哲学又使之退化为在份额上微不足道的量。对概念来说，非常紧迫的是，它没有达到的东西，是其抽象的机制排除的尚未成为概念范例的东西。（Adorno，1969，p.17f.）

根据批判理论提出的第二个方向，解放过程必须关注从物化所提供的愉悦中解放出来。其目标是消除社会压迫。马尔库塞将启蒙的概念置于自己反思的核心。例如，在其关于学生抗议的著作中，马尔库塞认为学生运动在两个主要方向上导向了反叛：它将非物质需求领域（自我教育、非异化的人际关系）与政治斗争联系起来，就像与存在的生理维度联系起来一样，也就是说，与自然领域联系起来。它们的共同基础是感性的解放。事实上，根据马尔库塞的观点，感性愉悦会带来对世界的新体验，既有社会的要求会对这个世界造成严峻的威胁，并要求彻底的变革。

在马尔库塞那里，我们又回到了启蒙与理性解放之间的联系。此外，个体要从不负责的未成熟状态中解放出来，不仅要借助理性，也要依靠“交往性认识”，这种认识不是建立在支配的基础上的。在这种认识中，社会条件和支配结构对个人来说是无法逃脱的枷锁。

最后，我们可以看到哈贝马斯从“治疗话语”模式中找到灵感而发展出的第三种启蒙变体。在这里，自我反省以启蒙为目的，被理解为“治疗话语”的内化。

假如论证不应该仅仅是分析（和基本上可用机器来代替的）的话，思考的主体同反思的主体一样，至少应该扮演两种对话角色。这在（内心的）对话情况中是没有问题的。参与对话者的地位是平等的，并且地位是基本上可以交换的。因此，对话角色的内部分配不会产生困难。在（内心的）治疗中，则不是这种情况。对话者在分析性对话中的地位是不对等的；在交往的过程中，他们的地位时常变化，并且只有在成功的治疗的最后，在那种从一开始就存在的对话参与者之间的对等关系中表现出来。所以，孤独的主体的自我反思是一种完全自相矛盾的活动：一部分自我必须以主体处在一种需要帮助的境地的方式同另一部分自我相分离。（Habermas，1972，p. 34）

因此，我们可以看到启蒙的过程是如何成为一个反思的过程的，在这个过程中，对思想和交流的物化与限制被消除。分析师与患者交流中的不对等关系也可能为教育过程提供一种模式，这种模式可以被定义为理性解放的过程。根据哈贝马斯的观点，当今的教学在实现解放的过程中扮演了核心角色。从此，政治斗争、"选择适当的策略"以及"解决战略问题"成为可能。

（二）解放

在批判理论和受其影响的社会科学框架内，人们用不同的方式使用解放的概念。如果我们参照马克思在《论犹太人问题》（On the Jewish Question）中对政治解放和人类解放所做的区分，就可以理解这个概念含义的一个重要维度。这一区分的出发点如下：

谁必须去解放？谁必须被解放？只考察这些问题是不够的。批判必须考察第三个问题：我们所说的是哪一种解放？我们所期望的解放的本质条件是什么？（Marx，1966，p. 34）

因此，马克思指出在人类发展的不同阶段要实现的两种形式的解放。资产阶级革命只能实现政治解放。通过政治解放，资产阶级革命成功地将国家从宗教的监护中解放出来，并争取了公民的所有权。关于政治解放与人类解放之间的关系，马克思明确指出：

摆脱了宗教的政治解放，不是彻头彻尾、没有矛盾地摆脱了宗教的解放，因为政治解放不是彻头彻尾、没有矛盾的人的解放形式。（Marx，1966，p. 36 ff.）

马克思认为，要在政治解放的基础上实现人类解放，就必须从消灭私有制入手，因为私有制是维持人对人的统治的罪魁祸首，从而助长了人的物化。但是，消灭私有制只是人类解放的条件之一。

政治解放和人类解放的目标是最终使人成为人类和普遍的存在，使人既是个人，也是一种社会力量，其中，自我反思与对充足能力和解放的兴趣联系起来。这种解放的实现必须通过社会条件的改变，而且不能仅凭借这一改变。除了转变支配关系之外，还需要特殊的教育过程，其作用十分重要。我们必须避免简单地用一种支配结构去取代另一种。解放必须被视为人和社会群体的解放过程，一种关系到个人并决定人类社会本质和良知因素的现象。因此，“人类”解放这一概念要求人们考虑到主观因素，即个体的个性所赋予的条件，这些条件有利于或不利于他们的解放。解放运动的这一方面在教育领域中尤为重要，但绝不能导致解放概念的无端扩大。我们需要更精确地使用解放的概念。事实上，解放只能作为一个概念和社会 – 历史现象，它描述解放的矛盾和内容，反映参照领域、要求集体过程（行动）并整合整个社会结构。

1965—1975年，解放的概念甚至成为教育科学的核心概念，在许多学者那里，解放的概念实际上取代了教育概念。莫伦豪尔的《教育与解放》（*Education and Emancipation*）、“黑森州教育计划改革委员会”（Commissions for the Reform of Educational Plans in Hessen）的研究以及兰佩特的《教育与解放研究》（*Research on Education and Emancipation*）为这一概念受到热烈欢迎奠定了基础。莫伦豪尔将“解放”理解为“主体的解放……与限制其理性的条件和与之相关的行动有关”。兰佩特认为：

> 解放的兴趣是指人对维持和促进自我决定的兴趣。它的目标是压制非理性统治，摆脱各种束缚。物质暴力并不是唯一的制约因素，还有偏见和意识形态的枷锁。通过对其起源的分析、批判和自我反思，偏见和意识形态的枷锁即使无法被完全消除，至少也可以有所削弱。（Lempert，1971，p. 318）

莫伦豪尔和兰佩特强调解放过程中的主体因素，并以哈贝马斯对解放概念的阐释为导向。哈贝马斯对解放概念的阐释强调解放的总体过程，从而使解放成为教育的一个核心概念。

正如在社会科学中一样，解放在教育科学中往往首先具有消极意义。这个概念被用来识别存在压迫和暴力的情境。如果说解放是为了克服被描述为消极的处境，那么它就构成了所期望情境的目标，也就是说，社会上受压迫的个人和群体的参与，是为了捍卫其利益和支持其解放运动。

在这种对解放的定义中，我们可以找到许多教育行动的立足点。这些教育行动必须有助于人类的历史进程，但也与客观和主观的可能性息息相关。在社会更迭的历史进程中，能够实现的解放程度各不相同。

当不同群体的行动机会和潜力以及满意程度各不相同时，它就会受到削弱，这就是改善处于不利地位、落后的或心智残疾群体的社会化过程是解放的首要战略之一的原因。（Lempert，1974，p. 14）

解放只能被理解为当前历史－社会背景下教育过程的一个目标。在发达资本主义社会条件下，解放的可能性与发展中国家不同，在发展中国家，解放首先意味着从饥饿和物质需求中解放出来。解放的可能性只能根据某一特定时刻的解放潜力来确定，而就人类解放而言，这些潜力在西方工业社会中尚未出现。因为对许多人来说，在当前社会条件下进行的社会化过程仍然与高度压抑和缺乏自我实现的机会联系在一起。

在社会化过程中，个体的能力和需求在很大程度上受到社会角色的影响（通过选择性要求），以至于（不同社会阶层所特有的）某些能力可以得到发展，而另一些则必须被放弃。因此，在一定的社会条件下，一个人社会发展的可能性和局限性就会显现出来。过于激进的社会化进程会阻碍人的需求的表达和满足，往往会导致使人无法自我实现的病态行为。

鉴于现代社会官僚统治的加剧，社会生活从工具性行动的意义上进行的控制和合理化，以及与之相关的理性表象，要打破这种结构以实现人的解放和社会生活的人性化非常困难；职场所要求的资格限制过强；社会化进程过于单一；能够思考其他选择的社会想象力的发展太过匮乏。然而，如果对于社会内在矛盾问题有一种意识，如果思想转向其他选择，解放过程仍然可能取得成功。只有当人类通过解放过程，把自己从孤立中解放出来，并将自己视为普遍存在时，他们才能消除自身物化的影响。但是，当解放被定义为教条和实体化过程的目标，而不是反思过程的目标时，物化也会带来威胁。

（三）物化

启蒙和解放运动的主要目标之一就是保护人类不被物化。目前，物化在一定程度上是商品生产和交换的结果。它维护资产阶级社会的社会秩序的功能怎么强调都不为过。莫伦豪尔尤其深入地研究了教育领域中交往过程的物化。

卢卡奇（Georg Lukács）描述了商品结构和人的交往之间的关系。物化作用于交往和教育过程，进而作用于人的良知。物化通过工具行动的还原性的理性化来使人类关系变得贫乏和枯竭。物化限制了人的自我决定能力，也限制了人的行动和反思空间。诚然，人类在一定程度上具有将自身客观化的能力，这也是人类生存条件的一部分。但是，这种特殊类型的物化的客观化不能被视为人类物化的总体，因为人的物化限制了人的发展的可能性。在我们的社会中，官僚机构的控制进一步强化了对人的物化，这就导致个体的存在被包含在普遍之中，“具体的”存在被认为比“抽象的”存在更低等。“实证的”科学及其获取决定性知识的导向加剧了对人类生命的威胁。由此产生的发展趋势侵入社会生活，导致社会体系结构中所包含的暴力加剧。当批判无法避免这些想法和概念被实体化时，就会产生一种危险，即批判可能会被压倒性的、强大的物化倾向所征服。在个体教育过程中，个体的物化是可以通过某种交往和互动的过程来实现的。去除交往过程中的物化元素有助于减轻每个人的物化。减少物化的努力以及被物化的交往是相互关联的，它们只能在有限的时间内取得成功，反对去物化的社会机制所拥有的力量太强大了。不断与之斗争，必须作为启蒙、解放和自我决定的教育的一部分。否定和抗拒只能是反抗工具化和物化的第一阶段，要实现人类生活的人性化，就必须超越它们。

（四）批判

自从霍克海默的《传统理论与批判理论》问世以来，批判的概念就成为批判理论和受其启发的社会科学的核心思想要素之一。直到今天，这一概念仍被用来标示一种必须与科学的传统用法区分开来的特定取向。因此，教育科学领域出现了一系列将批判的主张作为其核心意图的作品。问题是：在教育科学的背景下，像*批判*这样的概念到底意味着什么？为了回答这个问题，我们必须首先分析法兰克福学派批判理论中的批判概念。

对于霍克海默来说，批判已经成为对社会进行批判的批判理论的构成要素：

在采取了批判态度的人看来，现存社会整体的两面性是一种有意识的对立。他们认为现存的经济形式及由此产生的全部文化都既是人类劳动的产物，又是人类目前能够提供并且已经给自己提供的组织的产物。因此，他们认同这个整体，并认为它就是意志和理性。这个整体是他们自己的世界。同时，他们也感受到，社会可以与非人的自然过程相比拟，可以与纯粹的自然作用相比拟。由于战争和压迫支撑着的文化形式并不是统一的、自觉的意志的创造物，这个世界不是他们自己的世界，而是资本的世界。（Horkheimer，1970，p. 28）

霍克海默将对资本的批判置于社会批判的核心，资本根据其利益塑造经济结构，从而确定了历史 – 社会状况中的社会结构。批判通过反驳那种认为这种演变是必然的说法来进行干预。由于批判抨击了社会对资本价值规律的依赖，因而也抨击了科学对资本价值规律的依赖，它挑战了社会和科学的各种有效性主张。通过对经济、科学和教育运动的规律的揭示，即对整个社会规律的批判性思考，批判获得了对个人和社会整体的新认识。正如霍克海默所述：

批判思想及其理论反对描述的这两种思想。批判思想既不是孤立的个人的功能，也不是个人的总和的功能。相反，它的主体是处在与其他个人和群体的真实关系之中的、与某个阶级相冲突的，因而是处在社会整体和自然的关系网络中的特定个人。（Horkheimer，1970，p. 30 ff.）

正因为批判使人意识到自己的依赖性，使人能够把握与社会、他人和自身之间的关系，人类对自我和世界有了新的理解。

以社会批判为重要元素的批判成为一种对知识和科学的系统化批判，它主要反对实证主义，也反对解释学和系统论。霍克海默这样说明社会批判和科学批判之间的联系：

除非为了合理地组织未来社会不断进行理论努力，根据具体科学中阐述的传统理论批判地揭示当代社会的真相并做出解释，否则，根本改善人类存在的希望就失去了依据。（Horkheimer，1970，p. 49）

除了社会批判与科学批判之间的关系，这里还出现了批判的另一个元素：基于“合理条件”来改善社会和科学现状的意图。批判理论的批判绝不能局限于指出条件或背景的不足，从而让批判的“对象”来决定批判的方式，它还必须努力改善它所批判的社会生活条件。为此，它不能仅停留在否定层面，而必须以建设性的方式付诸实践，帮助改善社会实践。鉴于这一认识，伟大的“拒绝”（马尔库塞）将批判理论引入了死胡同。

根据这种心灵概念，真理只有一个，而正直、内在一致、通情达理和对和平、自由、幸福的追求这些积极的品质，都不能在同样的意义上归属于其他任何理论和实践。（Horkheimer，1970，p. 40）

批判是解放的核心条件。在对现存的社会、科学和教育的结构进行批判性分析时，批判与结构之间存在着一种距离，从而在一定程度上摆脱了结构的束缚。如果批判转向现存的社会结构，就不再仅仅是社会批判。它还必须批判畸形的交往过程。因此，批判还必须涉及人类在社会化和教育过程中的自我物化等问题，并试图说明现实是如何落后于它所包含的可能性的。在这个角色中，批判的能力是人类存在的原始要素。然而，面对影响青年生活的历史微观结构，与教育行动的无能为力，批判的激进性绝不能掩盖教育行动的重要性。因为这将导致冷漠和顺从，行动的无能，以及绝望——对教育－社会实践的放弃。这样的发展将导致在人们明显不可能改变实践的情况下，实践的首要地位被废弃（批判理论总是大力强调这一点），并导致理论被认为高于实践。这样一来，批判就无法完成其任务，即推动以建构合理条件的兴趣为导向的社会发展进程。为了避免这种情况，批判本身不应成为目的。基于辩证法的批判必须避免教条式地提供替代方案。也就是说，它必须保持反思性。

如果教育科学想要履行它对每一个年轻人（受教育者）所肩负的使命，就必须被定义为“批判－建构理论”，并与那些被认为是历史之外的或非教学性的目标保持距离。教育必须针对每个受过教育的人的社会状况。

（五）社会

我们所说的“社会”主要是指通过交换和在与劳动分工相关的活动过程中形成的行动和社会行为的整体背景。如果批判理论把自己定义为社会理论，那么其目的就在于分析和解释当代社会制度。因此社会理论是至关重要的，因为它把社会可能的发展与实际的、现实的发展联系起来。批判理论旨在认识社会的整体。如果不参照劳动分工的概念，就无法正确理解整体的社会发展。在任务分工日益细化、生产力不断提高的背景下，劳动力、生产资料以及它们与生产条件的协作对社会结构的发展作用越来越重要。

生产条件对了解社会结构及其发展可能性的重要性在批判社会科学的语境中再次得到强调。因此，正如霍克海默所说，社会科学中的“批判”与其说是“对纯粹理性的唯心主义批判，不如说是对政治经济学的辩证批判”。批判揭示了当代社会结构与它们的潜力之间的张力。它让人们能制订策略，使社会朝着建构“合理的条件”方向发展。

莱希尔特（Helmut Reichelt）指出，批判理论仍然非常依赖于对被视为资产阶级社会分析理论的代表的政治经济学的批判（Reichelt，1974，p. 353）。它从未真正尝试根据新的情况来重新阐述这一理论，也从未尝试对完全变异的社会进行非常具体的考察。

在当前社会和科学发展的条件下，发展一个系统的社会理论究竟还有多少可能性？阿多诺深知其困难，他写道：

> 当代社会结构的非理性阻碍了它在理论上的理性发展。根据系统动力学，经济进程的控制权将转移到政治权力手中，但与此同时，这也是一种客观的非理性。这一点应当有助于解释为什么在很长一段时间里人们没有提出令人信服的社会理论，原因不仅仅在于其辩护者僵化的教条主义。(Adorno，1969，p. 17)

尽管存在这种怀疑，阿多诺坚持认为，只有当人们认识到当代社会在很大程度上是根据资本增值规律组织起来的时候，才能对其进行恰当定义。

（六）交往－话语

哈贝马斯的《交往行为理论》及其在语言、交往和话语理论方面的众多著作对教育科学具有重要意义。这些关于交往行为理论作品的目标之一就是重构规则系统，根据这些规则，具有交往能力的言语者从陈述中形成表达，并将其转换成其他表达。表达不同于陈述之处在于，表达构成一个“语用单元”，可以简化为一个“作为语言单元的基本语句”，使其与交往行为区分开来。

哈贝马斯在分析中区分了日常语言中的两种交往形式：交往行为和话语。

在具有交往行为功能的规范中，我们可以识别那些属于交往行为的规范，因为它们被置于言外陈述的语境中，而话语中只能有与主题相关的言语陈述；参与者的行为和表达当然伴随着话语，但不直接构成话语的内容。（Habermas and Luhmann，1971，p. 114 ff.）

此外，在交往过程中，有效性是由意义语境所预设的，并未被主题化。交往是通过交往者之间的相互承认以及对话语有效性的承认而发生的。哈贝马斯将意义语境在交际语言游戏中的应用分为四个领域：

当言语者和行为主体的话语可被理解时，语言游戏就会正常地进行，方式如下：

（a）他们能够传达并正确理解人际关系的语用含义（这也可以在言语行为中表现出来）。

（b）他们能够有意地传达和理解他们言语中命题内容的含义。

（c）他们不会质疑自己所交流观点的有效性。

（d）他们能够接受自己希望尊重的行为规范的有效性主张。

（Habermas and Luhmann，1971，p. 116）

基于这些观点，我们可以对每一个交往行为都提出两种相反的期望：我们期望行为主体有意地遵循他们所遵循的规范（意图期望），我们期望行为主体只遵循那些在他们看来合理的规范（合理性期望）。

与这些交往行为的要素相比，有效性主张在话语中是有争议的。人们试图通过行为约束的虚拟化和有效性主张的基础来证明观点和规范的有效性主张存在问题。在交往活动中对交往情境和对方天真的理想化，在话语中同样作为假设得到保留。

哈贝马斯指出，如果不区分真共识和假共识，那么理解是不可能发生的，他以此为基础试图证明，“在所有话语中，我们都不得不假设一种理想的语言情境”（Habermas and Luhmann，1971，p. 122）。

在哈贝马斯看来，理想指的是对语言情境中真共识和假共识的区分。在这种语言情境中，交往既不受外部附加条件的阻碍，也不受交往结构本身的制约。语言情境排除了对交往的系统性扭曲。在对真共识和假共识进行必要区分的基础上，我们试图指出真理的共识理论的要素，这对于科学理论中的论证问题相当重要。因此，人们只能通过话语语境中的共识来确定理论的真伪。在话语中，为了达成共识，有关各方必须积极参与。

此外，由于在每种话语中都必须被假设或预期的理想话语情境的特征之一是“自由的自我表达的相互性”，即“行为期待的相互性”以及参与者有同等的权利发出命令和拒绝命令、发布允许和要求禁止、做出承诺和拒绝承诺、自我辩护或要求别人做出自我辩护，因此，任何时候都有可能进入话语，“理想的语言情境的各种反事实条件……作为理想的生活形式的条件……”被揭示为“把它们的价值发挥到极致，这样每当我们以维持话语为意图开始进行交往，并且持续足够长的时间时，就会出现一种共识，这种共识本身就是真正的共识”（Habermas and Luhmann，1971，p.138 ff.）。哈贝马斯试图通过在理想的语言环境和理想的生活方式之间建立紧密的联系，以社会批判理论为参照，创立一种语言理论和交往理论。哈贝马斯的交往行为理论在很大程度上继承了批判理论的传统，批判理论在传统形式上得到继续发展。

（七）理论/实践

理论与实践的关系是批判理论和批判社会科学的核心。这一点在霍克海默的第一部专著中就明显地体现出来。他在其中指出，批判的立场必须指向社会实践：

人类的未来取决于一种批判立场的存在，这种立场自然也必须

> 包含来自传统理论和古老文化的某些元素。当科学想象自身具有独立性并认为自己所服务的和所隶属的实践与自身完全不同时，并且当它满足于思想与行动的分离时，它就已经抛弃了人类。思维活动的一个显著特征是它能自主决定必须实现的内容以及必须完成的目标，这种自我决定不仅体现在细节上，还体现在整体上。因此，思维活动的特质将其导向历史变革以及创造人与人之间的公平环境。（Horkheimer，1970，p. 56）

从批判理论的观点来看，批判思维绝不能仅仅关注知识的生产。理论必须与改善社会状况直接相关。事实上，它必须反映**自身生产和使用的条件**。在这一过程中，理论必须对自身的意识形态背景、社会功能及其影响社会实践的可能性进行质疑。只要批判理论将理论和科学与社会实践之间的严格分工理解为特定社会情境（即资产阶级社会）的特征，并且因此是可变的，那么，理论的价值就不能仅在研究的背景下、独立于社会实践来确定。此外，社会实践有责任决定理论的价值，因为理论必须在社会实践中表明其有效性。

在第二次世界大战和战后社会发展的影响下，批判理论改变了理论可以改善社会实践的假设。莱希尔特明确指出这种观点上的转变：

> 批判理论的中心思想是在该理论可以被视为革命进程中的一个元素时被提出的：考虑到无产阶级的苦难，希望社会内部发生剧烈变革是完全正当的。工人阶级日益融入资产阶级社会，这导致实

践与理论关切的逐渐分离，培养“全人”的计划被遗忘了。最终，理论可以被理解为封闭系统中一种真正良知的遗迹。（Reichelt, 1974, p. 357）

这种对理论社会功能的态度转变意味着，放弃社会实践之于理论的优先地位。放弃社会实践的优先地位是必要的，因为人们开始认识到实践是如何完全被资产阶级社会把一切转化为商业价值的方式所决定的。在这种特定的社会背景下，改进实践，建构更加“合理的生活条件”的可能性已不复存在。因此，理论变得越来越重要，因为它肩负着为未来社会实践构想原则图景的使命。理论对实践的要求有时包含教条主义和非历史的因素。在霍克海默和阿多诺的《启蒙辩证法》、阿多诺的《否定辩证法》或马尔库塞的《单向度的人》等著作中，甚至可以找到一些教条主义和非历史的方面。在这些作品中，对个人可能采取的行动的评价包含着某种程度的屈从，这导致主体因素的弱化；反过来又会导致行动主体的冷漠和无能为力。

起初，人们希望理论能够帮助他们摆脱异化。现在，我们看到这一目标有可能效果适得其反：理论非但不能实现所承诺的自由，反而可能走向对立面。它非但没有实现理性，反而会产生分裂和非理性。理论不再是实践的助手，它被简化为一种操作技巧。这些发展所导致的结果无非是对批判理论所要批判的社会状况进行详细阐述和结构化！对批判理论来说，存在着一种思考现实的特有阻力；而这种阻力意味着，在特定的社会条件下，知识不再使完善的社会实践成为可能。

后来，哈贝马斯开始用一种新的方式来看待理论与实践的关系。在《理论与实践》（*Theory and Practice*）一书中，哈贝马斯提出了一个理念，即社会将不断变化的实践计划整合在一起，这一理念使他有别于只专注理论领域的理论家。在谈到霍克海默之前的一本著作时，他指出：

> 理论随着对自身形成过程中联系的反思和对它所预期的运用过程中联系的反思把自己理解成它所分析的那种社会生活的联系的一种必要的催化因素。也就是说，理论把社会生活的联系作为一种构成整体的强制性联系来分析，并且认为这种联系是可以废弃的。因此，理论研究的是理论与实践之间的双重关系：它一方面研究事关全局利益的历史结构联系（理论仿佛也通过这种认识活动从属于全局利益）；另一方面也研究历史活动的联系，理论可以通过给行为指明方向来影响历史活动的联系。（Habermas，1972，p. 9 ff.）

哈贝马斯试图通过这种方法把理论与实践联系起来，而在阿多诺晚期的作品中，理论与实践是分离的。更确切地说，我们所阐述的是理论与实践关系的三个方面：

1. 晚期资本主义制度中科学、政治与舆论之间关系的经验方面；
2. 认识与兴趣关系的认识论方面；
3. 能够发挥批判作用的社会理论的方法论方面。

关于第一个方面，哈贝马斯提出理论与实践之间的关系是一个涉及科学、政治与舆论之间关系的经验维度的问题。只要我们在政治背景（规范的接受或拒绝）下处理实践问题，理论就必须致力于阐明某些实践问题。这意味着它必须指向交往的实践。在这些理论背景下，对实践问题的解释不能立即成为行动的处方。只有当公民愿意接受实践话语进入制度领域时，这些解释才能说明政治问题。因为，当情况并非如此时，面向实践的理论还必须分析限制交往的制度和社会力量。

哈贝马斯在《公共领域的结构转型》一书中首次考察了限制实践话语制度化的条件。在这部历史著作中，他试图说明，人们可以通过发展意志力来消解权力，这一想法实际上已经在资产阶级社会的政治体系中被制度化了。此外，他还想指出资本主义经济制度的必要性与促进民主进程的愿望和要求之间的不相容性。在此之前，这种不相容性对实践话语和实践问题的理论阐释产生了负面影响。在他写作的时代，出现了两个重要的趋势：第一，为了遏制社会危机的发展，国家干预加强；第二，研究、技术和国家管理之间的相互依存关系增强。国家干预主义和有计划的科学技术进步可以调节由资本主义生产过程的要求所产生的不平衡和冲突。因此，国家行政与科学的生产潜力之间存在冲突。这种冲突表现在，一方面，根据经济需要确定的优先事项不能依赖于一般的话语决策过程；另一方面，在一个非政治化的世界中掩盖某些实践问题必然会产生严重的后果，因为对这些实践问题的讨论为国家提供了合法性，国家在今天比以往任何时候都更需要这种合法性，以获得和维持群众的忠诚。正因如此，科学和科学研究在实践问题上发挥着越来越重要的作用。对科学进行真正的、有理有据的批判，以及实践学的发展变得越来越重要。对知识的实际运用——特别是在实践学的帮助下，是通过实践策略的转变和交往实践来实现的，而正是通过这种倾向，理论与实践之间的互动才得以实现。

哈贝马斯还提出了理论与实践的联系问题，认为这是认识与兴趣之间关系的认识论方面。他同时构想了一个科学理论计划，这一计划必须将科学理论的构成和应用背景系统化。其出发点是基本概念体系，在阐述任何科学或对科学对象的形成做出任何预先决定之前，我们都要在这一基本概念体系中建立我们的最初经验。哈贝马斯区分了建立经验的两个基本体系。首先是面对事物的整个工具行为领域；其次是互动领域，在这个领域中，我们与行动的人相遇并一起体验。正如我们已经看到的，经验科学和解释学科学领域都依赖于这一努力，即通过工具的使用和主体间的理解使我们每天产生的现实客观化。根据它们各自的范式，这两种科学传统在基本理论概念、原理的逻辑阐述、理论与对象的关系以及所选择的进化标准等方面存在差异。在这些科学范式间的差异所带来的影响中，最重要的可能是产生的知识具有不同的实用功能。经验知识致力于寻找因果解释和定义明确的预测，而解释学方法寻求一种对传统意义语境的解释。

在这两种科学方法中，某些兴趣都指向一种准先验的知识，因此，这种知识是永恒不变的。这些兴趣源于与工作和语言相关的社会-文化生活形式。从这些技术的和实践的兴趣中，我们可以选择把对社会解放的兴趣作为批判理论的一个独特的和本质的维度。一旦主体发现自己作为个体的起源时，主体反思的解放力量就成为这种关注的结果。对经验的反思，在内容上通过发展的概念得到明确表达，在方法上的成就就是理性和变得理性的意志得到统一。在自我反思中，纯粹知识与主体追求独立的渴望相互渗透。因为反思本身就是一种解放运动。因此，在某种意义上，批判科学的目标是澄清科学本身。这包括强调它的生产和使用条件，以期通过自我反思，获得一种面向解放的变革的认识。

哈贝马斯认为，这种面向社会实践的科学取向有助于避免科学被施压组织所利用。

在哈贝马斯对理论与实践关系的第三个贡献中，社会批判理论的方法论得到考察。批判理论在反思自身产生和使用的背景时，产生了对理论与实践关系的方法论认识。这样做的好处是可以改变理论与实践的关系。从实践的角度组织起来的社会理论必须考虑这样一个事实，即探索知识的主体与客体世界有着特殊的关系。客体世界是有言语和行动能力的主体的生成性表现的结果。与此同时，客体世界也对主体行使着一种客观的力量（参见布迪厄的“惯习”概念）。为了正确地看待这一视角，并避免在认识论上简化其他范式，哈贝马斯提出了四个标准，用于区分批判科学与传统科学或哲学。例如，在社会学方面，哈贝马斯解释道：

1. 与行为科学的客观主义相反，批判社会学避免将有意的行动（intentional action）简化为行为（behaviour）。

2. 与人文主义解释学的理想主义相反，批判社会学对将社会体系中表达的意义简化为文化传统的内容保持着警惕。意识形态批判审视那些依赖于生动而有效的传统的制度现状。意识形态批判进一步分析了隐含在语言和行动的符号结构中的权力关系。

3. 与全面系统理论所持有的普遍主义相反，批判社会学对将所有的社会冲突归结为自我调节系统中尚未解决的问题保持着警惕。

4. 与历史哲学的教条主义传统相反，批判社会学对由哲学概念带来的权力滥用保持着警惕。（Habermas，1972，p. 17ff.）

在批判社会学区别于其他科学方法的各个层面上，都隐含着对科学与客体世界之间关系的某种判断，以及理论与实践之间的某种关系。这些反思不仅适用于社会学，也适用于教育科学，因为批判教育科学努力避免将主体的有意行动简化为行为。它也同样警惕将社会和教育制度中表现出来的情境的意义简化为文化传统。相反，它在意识形态批判的逻辑中分析了特定文化传统赖以存在的基础，以及它们通过语言和行动表达的权力结构。因此，批判教育科学谨慎地与那些把所有冲突或社会问题都归结为自我调节系统问题的方法保持距离。最后，它警惕对哲学概念的过度投入。

十二、批判教育理论

不同于人文主义教育学和经验教育科学，批判教育理论对这些科学理论中存在缺陷的自我概念保有警惕。的确，这些科学理论无法对教育的社会发展进行批判性分析。这种差异的基础是对教育的历史－社会特征的批判性评价。教育制度与社会结构之间的相互依存关系是批判教育理论的出发点。同时，还必须考察这些政治和经济结构对教育产生影响的过程。这里要提出的另一个问题与教育制度在社会中的作用有关。批判教育理论试图为教师的教育实践提供支持。它有助于揭示教育制度对整个社会系统模糊的依赖性。然而，尽管批判理论并不能消除教育制度对社会结构的依赖，但它或许可以减少社会结构对教育制度的影响。

批判教育理论力图阐明教育的社会条件。为此，它必须运用意识形态批判。意识形态批判这一术语指科学地揭示生产的社会条件、错误的理性化以及那些错误的解释、规范和理论所带来的影响，这些错误的解释、规范和理论都是由对社会状况和干预这种状况的可能性的错误理解而导致的。这种错误的观点源于那些提出这种观点的人所代表的特定价值观和特定利益。在意识形态批判的过程中，必须把由于经济或社会的特定影响而产生的负罪感与科学上有充分根据的良知区分开来。只有这样，意识形态与真理之间的区别才能显现出来。

真理与意识形态之间的关系很难确定。事实上，意识形态通常作为某些特定利益的辩护工具存在，但它们可能包含一些真理，这些真理必须从意识形态的框架中剥离出来。让我们举个例子。在某些情况下，“我们正在尽一切努力在教育制度中争取平等的权利”这句话可以被一个意识形态系统证明是合理的，因为它具有这样的功能，即引导大众相信一切都是为了促进他们的利益。实际上，那些说这种话的人可能根本没有做任何事情，或者只做了很少的事来兑现他们的话语。这种话语的唯一功能往往只是安抚人们，让他们觉得一切都在朝着正确的方向前进。正是在这里，意识形态批判找到了存在的理由，揭示了这种话语的安抚功能，揭示了它的真正目的——实现社会和平。尽管它具有意识形态特征，但只要平等权利在教育制度中被优先考虑，正如它是批判教育理论的主要目标之一，那么我们就可以在这种话语中发现真理的时刻。因此，必须将这一真理的时刻与同一话语中的意识形态的时刻明确区分开来。在这个例子中，意识形态往往优先于真理。

意识形态批判在批判教育理论中具有重要地位。克拉夫基揭示了它的主要观点：

（a）意识形态认识的虚假性（例如，封建社会是上帝的恩赐，或者资本主义经济秩序是最公平的社会秩序，又或者大多数女性天生就不关心政治……）不是由个体的错误，而是由特定的社会条件造成的。

（b）意识形态强化了现存的权力结构，并使之合法化。

（c）它们符合处于支配地位的社会群体的特殊利益。

（d）那些被主导的社会结构所支配和碾压的人也会认为意识形态是正确的；此外，意识形态是一种被异化了的良知的表达。（Klafki，1976，p. 50）

考虑到这些方面，教育科学中的意识形态批判必须达到以下几个目标：

必须对教育领域的目标、理论、机构、发展计划、方法和媒介都加以分析，以发现其中隐含的社会利益。这些分析必须揭示这样一个事实，即某些群体将自身的利益隐藏在普遍的话语背后，从而在成人或青少年群体中间制造虚假的良知。在内容方面，我们必须特别考虑教育机构和媒介的目标和合法性论据……例如，我们不知道机构（及其成员）是否遵从特定的意识形态，因为这些机构与生产过程及其他领域的（政治的或文化的）社会活动是分离的；风险在于，机构及其成员可能在意识形态层面上与社会发展的动态存在差距。例如，即使他们的初衷是好的，他们的观点或原则却已经无法适应社会的最新发展。（Klafki，1976，p. 54）

批判教育理论必须努力揭露压迫、社会不公、权力膨胀、物化或自我异化。它必须分析它们的社会和制度根源，并设想干预和变革的可能性。

除了对教育领域中不合理的结构进行批判外，还必须构建一种批判的教育理论。仅仅批判意识形态是不够的，还必须找到干预的角度，为意识形态批判和教育理论的阐述提供参照。因为，对某些错误的过程和不充分的概念的否定已经为改善这些条件提供了起点。上一节提到的批判理论的关键概念成为批判教育理论的核心目标。如前所述，批判理论的概念在这一过程中被用作批判教育理论的一个视角。这里最相关的概念是启蒙、解放、从无节制的物化和权力中解放出来、社会正义、和平、自由、团结、自我决定等。批判教育理论超越了人文主义教育学和经验教育科学，因为它可以为教育提供建设性的目标。

要阐释批判教育理论的这一建设性维度，首先要界定从批判理论核心概念中衍生出来的目标，然后制定实现这些目标的策略。目标不仅仅是批判，而且包含对教育实践的改进。因此，批判性和建设性的教育理论目标，在促进实践的改进方面获得了合法性。这首先是在教育的行动研究领域实现的。行动研究，可以为新的教育实践找到路径。因此，实践者可以获得帮助来改进他们的工作。行动研究的核心目标不仅是分析实践领域对宏观社会结构的依赖，而且包含对实践的建设性改进。为了实现这一目标，批判性的和建设性的教育理论以及与之相关的干预研究都要以实践者的行动为导向。

批判教育理论不仅对教育领域的意识形态批判具有重要意义，也不仅对制定有社会根据的目标或发展教育领域的干预研究十分重要，更主要的在于可以影响众多教育领域，并且能为实践者引入工作的新方向。可以说，教育科学的这些领域构成了“材料”，这些材料被置于新背景下得到阐释并因此发生改变。因此，人们对教育科学的认识在各个领域都发生了变化。而且，由于批判理论也影响了其他社会科学领域，而这些领域也影响了教育科学，所以批判思想对教育科学的影响就更大了。这样，就产生了社会化的批判理论、机构组织的批判理论、角色理论以及教育科学对这些理论的接受。通过批判教育理论与教育科学其他领域的密切联系，教育理论找到了具体的形式，从而得以进一步发展。

下面，我们将描述几种发展批判教育理论的尝试。抛开魏玛共和国时期社会主义教育理论家的贡献（魏玛共和国时期社会主义教育理论家对教育科学发展的重要性在20世纪70年代被重新发现）不谈，我们将进行以下考察。第一，我们必须深入考察莫伦豪尔（Mollenhauer，1966）、布兰卡茨（Blankertz，1966）、兰佩特（Lempert，1971）和克拉夫基（Klafki，1971）所做的努力，他们为批判教育理论奠定了基础。第二，我们将讨论海多恩（Heinz-Joachim Heydorn）、科内夫克（Gernot Koneffke）和嘉姆（Hans-Jochen Gamm）的研究。第三，我们将以莫伦豪尔为例进行考察，他在《教育过程理论》（*Theories on the Educational Process*）一书中提供了最详细的批判教育理论草案。

（一）批判教育理论的尝试

莫伦豪尔和布兰卡茨试图发展一种批判教育理论，它既反对传统的人文主义教育理论，也反对严格的经验教育理论。批判教育理论应该作为解释学和教育科学经验方法的参照系。布兰卡茨将批判教育理论的目标界定如下：

> 如果说，尽管教育最终与先验主体相联系，但它是一种社会现象，那么，作为一种理论，教育学的认识论兴趣就在于自主和解放。这种假设建立在理性具有优先性的基础上，使主体的教育兴趣与其社会功能相一致。因为，为了追求一种真正生命的可能性，我们必须追求超越经验性社会的力量。（Blankertz，1966，p. 74）

从这个角度来看，教育理论始终是一种批判性的理论，通过朝着这一方向改进教育实践来促成个体的自我实现。但是，正因为它是一种理论，它永远无法完全实现自己的目标。尽管这一理论具有辩证性，但理论与实践之间存在着质的区别。这种差异也导致了理论与实践、虚拟与现实之间的张力。这种张力必须得以揭示和接受，才能按照批判教育理论的目标改进具体教育。为了实现对教育实践的改进，批判理论必须在不同的教育领域中被具体化。

根据莫伦豪尔的观点，解放的兴趣必须是教育行动的方向，它是批判教育科学的核心。批判教育理论若要迈向这一目标，就必须运用意识形态批判的方法，在具体的情况中确定教育干预的解放兴趣是什么，以及实现教育干预应采取哪些恰当的策略。

对于兰佩特来说，解放的兴趣也构成了教育科学的支柱。只有依靠批判教育理论，教育科学才能回应当今社会的期望。只要批判教育理论把解放作为教育的目的，它就有助于让每个人成为自己命运的主人，克服非理性的力量并释放各种能量。批判教育理论所倡导的教育行动，也可以在一定程度上克服物质暴力。然而，更现实的是对偏见和意识形态的批判。在这些过程中，批判教育理论必须把这种认识成功地纳入人们的理解范围，也就是说，把这些认识转换成相关人群的日常语言。因为只有当这种转换发生时，启蒙才能成功。在这种情况下，我们可以见证教育实践的改进。这种改进的结果就是批判教育理论成功的标准。正如莫伦豪尔和布兰卡茨所认为的那样，由于批判目标与实现批判目标的方法之间的张力，存在着一系列方法论上的问题。

克拉夫基也试图发展并建立一种批判性和建设性的教育理论。他也只是部分地克服了批判教育理论的目标与迄今为止为实现这一目标而运用的方法之间的差距。根据克拉夫基的观点，批判教育理论不能像批判理论那样将自己局限于传播否定性思想。相反，通过运用解释学和经验程序，它必须努力为教育实践带来建设性的变化。它必须被理解为一种属于实践且为了实践的理论。在这样做的过程中，它应该努力把解放任务与理论和实践等的合理性结合起来，这样解放的目标才不会落空。

（二）批判教化理论的尝试

海多恩认为，教育（Erziehung）和教化（Bildung）的批判理论的特征是对支配人的权力结构进行激烈反抗。教育和教化想要使人回归自我，这只有在充满矛盾的漫长历史过程中才能实现。教化与权力之间的辩证关系是一个尚未解决的矛盾，只有随着历史的发展才能得到充分的实现。批判性教化的目标必须是削弱权力的要求，并帮助人们发现自我，从而逐步改善社会。用海多恩的话来说，“全人类的未来同样是一种战胜统治的解放行动。普遍性是人类有意识的、巨大的自我创造”（Heydorn，1970，p. 152）。

批判教育理论必须抵制任何想要将年轻人纳入制度权力体系，而不是帮助提供对这种权力的批判视角的教育尝试。相反，教育和教化的批判理论将以集体的自主为方向。因此，教育和教化将成为通向解放的持续动力。它们是完成解放运动的内在过程，从而帮助人超越命运所强加的限制。教化是现在的未来。它遵循历史，为人的可能性做准备，但这种准备是以假定未来的人已经存在的方式来实现的。教育的乌托邦维度保护了人的历史性，使人在其历史性中变得可见和可识别（Heydorn，1972，p. 148）。遗憾的是，海多恩未能解决在教育机构或制度中引入、实现和评估其教育构想的问题。

科内夫克和嘉姆的尝试也指向了同一个方向。科内夫克强调教化具有颠覆的可能性，借此它才能抵抗权力的整合企图。嘉姆沿着类似的思路提出了他对批判教育学的观点。在《晚期资产阶级社会教育学的困境》（*Mediocrity of Pedagogics in Advanced Bourgeois Society*）一书中，他探讨了今天的教育学是什么，以及从不同的政治角度看，如果教育学选择与正在崛起的一代而不是正在衰落的一代联合，它又会是什么。

嘉姆从对教育科学缺乏政治参与的批判出发，试图通过对资本主义的批判来理解资产阶级教育学的停滞。他坚决要求人们站在被剥削阶级一方，反对资产阶级教育学："把选边站作为一种教育原则。"只有通过这种对教育科学的定位，教育制度中某些社会阶层的障碍才能减少。

（三）教育过程理论

在莫伦豪尔看来，批判教育理论首先是一种符号层面上的交往行为理论。他认为，教育理论是建立在教育行动基础上的，这种行动“总是有着与情境相适应的意图”并被付诸实践。因此，这一理论只能被视为教育领域的交往行为理论。莫伦豪尔将他的《教育过程理论》一书分为三章：

1. 教育作为交往行为；

2. 教育作为互动；

3. 教育作为再生产。

他关注教育理论的三个基本要素，并强调这三个要素是相互依存的。

教育理论只能被理解为交往行为理论。其特征是由教育过程所处的教育领域结构决定的。有几个因素影响着教育领域的交往行为，最显著的是代际关系、自发性、再生产性、社会权力、传统和不平等的再生产。此外，交往行为是由教育规范所决定的，而教育规范是历史－社会进程的结果。最后，不同的交往行为者所扮演的角色影响着教育行动。

根据符号互动论，正是行动者在交往中的角色扮演和互动，使得交往的动态性成为可能。这种动态也是象征性的。它的结构可能会被许多因素破坏，比如一方对交往的主导。为使教育计划取得成功，必须尽可能地实现教育交往。

借助符号互动论来解释教育互动结构的尝试进一步将教育理论理解为“以符号为媒介的交往行为理论”。这表明，教育情境中的相互理解是借助被普遍接受的符号来实现的，这些符号对于不同个体具有相同的意义，且可以表达人际关系中的普遍性。另一个目标是通过参照互动的角色扮演模型来解释身份发展的过程。这就需要对教育领域的交往情境进行分析，包括这些交往情境对制度结构的依赖和制度中隐含的社会权力。

这种符号和交往行为理论成为一种批判教育理论，它不仅以根据互动规则进行的教育交往的形式和内容为基础，最重要的是以在资产阶级社会的历史社会背景中处于核心位置的物质的社会再生产为基础。通过交换价值的抽象原则，莫伦豪尔认为他找到了一个标准，这个标准一方面可以用于组织互动的结构，另一方面可以追溯到资本主义社会中以生产资料和交换资料为物质基础的社会历史结构。这样就可以说明教育关系是如何与历史和社会的物质基础相联系的。通过交换价值的抽象概念，莫伦豪尔将商品交换原则作为资本主义社会中决定一切交换类型的原则。除了劳动本身的性质之外，交换关系的抽象性还体现在资本主义社会特有的一种特殊社会关系中。这种存在于所有交换中的特征在教育领域甚至可以将教育转换为商品。由于这一概念将教育再生产与经济生产系统相结合，所以它可以作为唯物主义教育科学的基本概念。因为，在一个理想化的交往社会背景下，教育领域中由于交换的这种特征（一切都可以被买卖的事实）而受到干扰的交往形式可以被谴责和修正。

莫伦豪尔试图通过引入人格面具（character mask）的概念并将其应用于教育中的交往实践，将生产和再生产领域联系起来。在马克思看来，经济主体的人格面具只不过是经济关系的化身。莫伦豪尔将人格面具的概念理解为角色扮演游戏的客观组成部分，即在商品仅作为交换价值而出现的情况和制度中，财产所有者互相将对方定义为买家和卖家。莫伦豪尔认为，这种资产阶级社会所特有的基本关系也决定了其他的人际交往，比如教育系统中的人际交往。人格面具的概念表明，在互动中，个体的许多行为不仅取决于个体维度，还取决于社会制度。对于批判教育理论来说，其后果是许多交往被扰乱或失败，这不能归咎于个体，而必须被理解为某些社会经济结构的反映。这种由人格面具造成的客观化也适用于许多人际关系。

毫无疑问，上述所有的尝试都没有对批判教育理论下一个足够详细的定义。尽管如此，这些努力还是揭示了批判理论的重要元素。在这些要素中，必须强调以下内容：对教育的社会历史特征的认识，对教育现象进行意识形态分析的必要性，在社会批判理论背景下制定的教育目标，批判教育理论视角的发展，制定实现这些目标的策略，参照批判教育理论目标重新定位的教育科学的主要领域。

总结与展望

1. 批判教育科学的出发点是以批判理论为参照，并与人文主义教育学和经验教育科学拉开距离。相较于人文主义教育学和经验教育科学，批判教育科学与法兰克福学派的批判理论规范紧密相连。在此基础上，它可以制定规范并找到其有效范围。

2. 批判教育科学从教育实践和教育科学的历史－社会特征出发。它认为自己和自己的行动领域是由社会政治和经济条件所决定的，对此，它必须持批判态度。只要批判教育科学以自我批判的形式进行批判，它就必须分析自身及其实践领域的起源和应用的社会条件。

3. 与社会批判理论一样，批判教育科学必须使实践优先于理论。但是，批判教育理论不能再像人文主义教育学那样，建立在对实践不加质疑的评价之上。此外，它必须认识到，既有的社会条件会产生不尽如人意的教育状况。理论的目的是揭示这些情况，然后用批判性思维的理念来帮助改变它们。

4. 批判教育理论还必须根据意识形态批判来分析教育实践。根据这种批判隐含的规范，批判教育理论必须有助于改进实践。这又回到了批判理论的建设性维度。总体而言，我们必须明白，教育理论永远无法预先指明实践将会如何，尽管与此同时，它声称合理的实践必须以理论为基础。这意味着我们需要将实践批判理论作为建设性的实践理论。

5. 更确切地说，意识形态批判必须阐明教育的规范和目标在多大程度上与既定的经济和社会条件相关联，这些规范和目标如何被用来传达对现实的某种理解，以及它们如何隐藏和维持权力的内在结构。只要意识形态批判能够保护教育科学和教育免受权力利益的支配，它就是面向社会理性发展的批判教育科学的重要组成部分。

6. 近年来，批判教育理论和科学建设性的发展比将意识形态批判引入教育科学更加困难。在这一领域，批判教育理论本应克服批判理论所无法克服的困难。问题在于，要在否定现实不足的基础上，参照情境的可能性，找到一种更好的教育实践。同时，重要的是要注意不要因过激的批判而削弱变革的能量。因此，我们需要一种包含批判但又不停留在批判层面上的教育理论。正是在**行动研究**领域中，批判理论的建设性计划取得了最大进展。更重要的是，这场运动已经能够整合经验范式和解释学范式的要素，尽管这些不同的范式还未实现令人满意的互补。

7. 批判教育理论**并不是一种全面的和封闭的理论**。这种立场与批判性思维的主旨相矛盾，批判性思维应被视为对自身进行批判的反思行为。此外，考虑到当前人文和社会科学发展的多样性，发展一种全面的教育理论已不再可能。批判教育科学领域的特点是理论立场各异，尽管有基本的相同之处，但它们对批判概念的理解不同，因此可能会相互冲突。例如，参与教育领域具体变革的方式各不相同。尽管实践需要理论的支持，但实践仍然是最重要的，因此，如果批判理论的概念被简化为双重否定或拒绝，就显得不够充分。作为对物质现实的客观反映，理论是由实践决定的，而实践是现实的必要组成部分。同时，理论还包括对现实规律的有意义的认识，这些规律在很大程度上决定了人的实践。对于反映实践的理论，实践是对其真实性的检验。于是，理论便成为实践的分支。

8. 批判教育科学的一个核心出发点是分析教育制度身处的社会矛盾。在批判的帮助下，批判教育理论有助于揭示过度决定教育领域的社会结构。此外，阐述教育理论对于教育行动找到摆脱其面临的矛盾的路径也是必要的，尽管这必须在不陷入制定教育“处方”的陷阱的情况下才能实现。教育行动的批判性导向必须保护自己免受简化的影响，与此同时，被视为交往和符号行动的教育行动绝不能与批判性思维完全相一致。在批判教育科学中，批判理论与建设性行动之间质的区别并不总是被严格遵循。这导致了解释学过程和实验研究被低估。

9. 批判教育科学依靠启蒙、解放和自我决定的力量，将矛头指向统治、压迫、物化和自我异化。与人文主义教育学相反，批判教育科学不再将教育仅仅理解为单独的个体过程，它还是一个集体过程，必须致力于为尽可能多的人创造“合理的”社会环境。为了实现其目标，教育必须帮助人们建设性地处理理论与实践之间的关系。

10. 批判教育科学需要对教育实践进行批判性阐释。与此同时，它也坚持必须对教育实践进行实验研究，这就产生了当今许多尚未解决的方法论问题。同时，批判教育科学要求，与实践有关的决定及其在实践者话语中的规范性基础必须加以合理论证。教育科学不能被简化为一种方法论，它还必须面对真理和正确的认识、其基础以及教育实践的后果问题。

11. 由于要处理的问题非常复杂，批判教育科学与批判理论共同面临着难以准确表述其概念的困难。即使我们不接受批判理性主义对概念精确性的要求，也必须承认，批判理论以及一些批判教育科学的学者并未对概念的精确性和清晰性给予足够的重视。这是这一思潮难以被实践者理解的原因之一。

12. 批判教育科学的发展并非仅仅受到社会批判理论的影响。事实上，邻近社会科学对其影响相当大，尤其是在教育科学的某些领域。社会科学受到批判理论的影响，批判理论通过这一中介对教育科学产生新的影响。

13. 关于批判理论的政治缺陷，已经有很多批判性的讨论。在这些批判和其他争论（例如围绕实证主义、解释学以及系统理论的争论）中，研究者提出了一些重要的观点，这些观点进一步推动了批判理论及批判教育科学的发展。

14. 我们已试图解释，教育科学无法绕过与批判理论思想的关联，即使我们必须承认某些问题仍未得到解决，情况也是如此。行动研究或许是解决这些问题的途径。

结语：教育知识及历史人类学

我们对教育科学发展的介绍显示了构成教育科学的各种思潮的复杂性和多样性。每一种范式在自身的领域内都是唯一合法的，都不能被另一种范式所取代。这种观点现在已经很普遍，我们对此不再进行讨论。今天，每种思潮都具有相对的合法性，这导致了人文科学领域中强烈的多元化。这种认识论上的多元化在包括各种不同的知识形式的教育学知识概念中得到了充分体现。这种教育学知识概念是一种反思性平衡的结果，它再次使人们重视不同范式对教育科学发展的重要性（Hoffmann，1991）。

我们重新审视了20世纪七八十年代形成的立场，试图通过分析它们对教育科学发展的贡献来理解不同思潮。我们的目标是说明每一种思潮带来了什么，以及这些不同的贡献是如何被用来重新定义教育科学研究的。

与此同时，对于范式的讨论还引发了其他几个重要的讨论。其中，系统理论（Luhmann and Schorr，1990）的影响非常重要。同时，关于后现代主义的讨论也对教育科学产生了相当大的影响（Jung et al.，1986；Lenzen，1987；Uhle，1993；Wulf，1997，

2001）。

正如我们所看到的，这些科学发展趋势带来了各种各样的讨论，并导致了 20 世纪 90 年代初“教育学知识”概念的出现（Oelkers and Tenorth，1991）。通过提出教育学知识，知识形式的多样性已成为共同的标准纲领。科学和科学知识现在只能从多元化的角度来理解。不同形式的知识都得到重点强调。

除了传统的教育学科（心理学、社会学……），新兴的、不同的方法（文献、实践者的话语……）也占有了一席之地。这一发展创造了新的、综合的教育学知识形式。这些形式表明，科学的规范的制度化已经与管理话语、社会参照和现实经验的多样性交织在一起……，对于所有这些维度，科学曾试图保持距离。现在，已经不再有涵盖所有领域、运用所有知识来发展教育学知识的唯一方式。

“教育学知识”的概念包括政治、作为教化的教育、伦理学、技术、语用学或解放行动等不同形式的知识。这一概念是权力实践知识及话语层次的起源。它允许根据实践的地点、实践在社会现实中的运用、知识的实际结构及其内容等进行区分。在“教育学知识”的概念中，实践性知识与反思性知识、机敏、诊断性知识、导向性知识及行动知识得以相互区别。在这些不同的认知方式中，我们可以将乌托邦知识、批判性知识以及与行动相关的知识分离出来。我们也可以根据背景进行区分。文化和背景会影响知识。事实上，教育学知识包含了象征性的、可编码的、有意义的维度，这些维度与教育关系有关，并为教育实践提供了时间、物质及社会基础。教育学知识有助于理解和分析教育实践的意义。这种理解和分析的产物可以以文字形式呈现、编码、传播及讨论。教育学知识不是以简单的形式被构造的，因此需要参照多种方法。

自从费耶阿本德提出科学知识领域“一切皆有可能”（这意味着科学范式领域任何绝对价值的终结）以来，自从预先考虑个人和社会发展的“宏大叙事”观（利奥塔）终结以来，自从接受激进的多元主义以来，教育科学的认识论状况已经发生了变化。这种变化体现在教育学知识概念上，特别是在其不同形式的知识、起源及主张的对等原则上，正如民族志思潮不断强调的那样。

人类学立场的重新发现建立在对教育学知识概念深入讨论的基础上，是在不同于20世纪60年代的认识论及社会背景下出现的。这种人类学立场在其他人文科学中也获得了发展，究其原因，与这些学科的可靠参照系出现危机有关。各学科希望在这种转向人类学视角的变化中找到一种新的动力。

人类学不再是一个由规范知识组成的系统。教育人类学也是如此。与教育学知识类似，我们可以提出一种教育学的人类学知识。人类学知识自产生以来就一直在教育科学知识以及实践教育学知识中发挥着重要的作用。每一位研究者、教育家和教师都有一定的人类学知识，没有这些知识，他们就无法开展工作。在不同的情况下，人类学知识是隐含的。像所有隐性知识一样，人类学知识很难被反映出来。它很难被改变。正因如此，教育科学工作者和教育实践者必须有意识地认识到作为其工作基础的人类学假设。这就是我们需要在教育学或教育中确立人类学立场的原因（Wulf，1997，2001）。

当今的社会科学已不再可能从一般意义上和普遍意义上来谈论“人”（Kamper and Wulf，1994），这不同于哲学人类学的传统（Scheler，1928；Plessner，1980；Gehlen，1986），或在20世纪60年代受其影响的教育人类学（Bollnow，1983；Loch，1963；Roth，1966，1971）。实际上，今天谈论“人”似乎是愚蠢的。这种关于人的论述所蕴含的普遍主义意义很难在历史学、人种学和建构主义最近的发展中留存下来。对人类学的批判表明人类学现在只能被认为是历史人类学（Historische Anthropologie）。因此，教育人类学只能被视为我们可以称为“历史教育人类学”的历史性视角的延续（Wulf，2001）。

历史教育人类学的知识是在双重历史背景下发挥作用的：一方面，对那些创造这种知识的人而言；另一方面，对那些在研究过程中利用产生于另一背景下的知识的研究者而言。这种双重历史性使人类学知识的内容具有相对化的特点。同样地，这种知识与时间的关系创造了一种新的视角，它认为真理本身并不存在，所有的知识都必须在与环境的关系中加以考虑。

人类学知识是相对的，不再有一个确定的参照系统。因此，规范人类学已不再可能。这就是人类学知识不再要求获得不同于教育科学其他知识形式的独特认可的原因。由于教育人类学知识与社会科学中其他学科的联系是模糊且不确定的，这种立场间的对等就更加合理了。人类学知识不再局限于一个固定的主题，也不能再用绝对的术语来确定。

此外，人类学知识为教育科学提出了新的问题、视角及主题。自我封闭的人类学体系占主导地位的时代终结了，这为产生新对象提供了新机会。以下提及了这种情况下出现的一些新观点，其中人类学与其他关注教育的学科之间存在路径交叉。

1. 教育人类学已成为考虑研究者及其对象的历史性的历史教育人类学。历史教育人类学也在寻求将其观点和方法与其对象的观点和方法相结合。其目标不再是探索普遍存在的“人”或“儿童”，而是在历史和社会决定的背景下探索具体的男人、女人及儿童。从这个视角来看，对人类进行整体化思考的概念被淡化了。历史教育人类学并不把自己的视界局限于某些文化或时代。从根本上说，它应该能够通过反思自己的历史性来克服社会科学的欧洲中心主义及对历史的纯粹历史主义兴趣，然后参与解决当前及未来尚未解决的问题。

2. 教育人类学的任务是：批判教育学无所不能或无能为力的幻想，并将完善人类的可能性与不可能改变人类的相反假设，以及教育和教化的可能性和局限性之间的张力加以主题化。这些任务导致对人类生产的过度强调，以及对与教育相关的人类发展进程的生物、社会及文化限制的考察和日益增长的认识。近年来，人们逐渐认识到人类生产的局限性。例如，用流行的话语来说，它们是“发展的极限”“基因技术”“风险社会”。世界的人性化似乎同时增加了世界毁灭的危险。

3. 教育人类学必须将人类学批判纳入自我概念中，以对其能力领域及其局限性进行主题化探讨。例如，对人类学的批判必须探讨解决传统人类学中由对人类与动物的比较所导致的简单化问题。它还必须考虑到对自然与文化进行的普遍区分之中的错误。此外，它还必须避免人的客观主义的消减。人类学批判考察教育人类学的核心概念、模式及程序，并反思教育人类学知识的合法性条件。

4. 教育人类学的目的是分析、组织人类科学产生的知识，并从人类学的角度解构教育概念。例如，可以对卢梭的消极教育或裴斯泰洛齐的初等教育或洪堡的普通教育概念加以解构。通过这样的方法，我们可以看到，由于新的人类学立场，老问题可以找到新的维度。因此，我们可以从另一个不同的角度来审视历史背景：可以从这种解构运动中找到教育思想和行动的新的参照点。

5. 教育人类学涉及对自身认识的能力及局限性的反思。它分析了人类自我定义及教育的普遍参照系的崩溃所产生的困难。教育人类学揭示了其研究结果对生产条件的依赖性。因此，它是反思性的。

6. 教育人类学知识是在不同的、有时是矛盾的话语中被建构的。在这里“话语”强调的是特定的教育背景下一致的思想及语言形式。话语有助于认知的构建、教育的结构及概念的形成。这些话语表达了社会、科学世界以及教育制度中的权力实践。在教育知识的语境中，人类学话语表达了思想和教育行动的问题、观点及重要知识。

7. 教育人类学是多元的。这就是它不信任对知识的草率整合，并乐于接受“不同”东西的原因。得益于这种多元性（有别于对一切都一概而论的态度），对跨学科研究“基于原则”的开放使其对人类学知识的复杂化而不是简单化感兴趣。历史教育知识是在由文化和语言所决定的特定条件下形成的，在国际化与跨文化日益重要的背景下更是如此。

8. 如今，教育系统传递的大量知识提出了教育知识与社会的、制度的及教育的现实相适应的问题。只要教育知识有助于下一代的培养和成长，它就意味着人类的自我理解，而人类的自我理解本身可以从人类的可完善性和不可完善性的问题视角加以探讨。在教育知识方面，这一问题是人类学研究的核心。

9. 在历史教育人类学领域，不同形式的知识之间的界限已经消失，新的知识和教化形式应运而生。其中，审美教育和跨文化教育尤为重要。前者涉及新媒体的出现及由此产生的社会结果；后者指的是当今欧洲特有的新的经济和人口背景，以及这种新环境对教育和教化、学徒制和实践经验带来的影响。

10. 教育人类学在很大程度上是一种建构主义人类学。这意味着，在其研究与反思中，它不相信自己有能力理解人类的存在。然而，它知道自己的人类概念取决于特定的条件。其人类概念取决于历史数据，且只能被理解为一种建构。如果教育的人类学知识的演绎和规范性生产体系已经过时，那么就有必要发展在建构主义以及反思性运动中加以阐释的历史教育人类学。

相关学者介绍

西奥多·W. 阿多诺（1903—1969），哲学家、社会学家和音乐理论家，1934 年离开德国，在英国牛津大学、美国哥伦比亚大学和加利福尼亚大学伯克利分校任教，1949 年回到德国，在法兰克福大学担任哲学与社会学教授，并与霍克海默共同担任重建的法兰克福大学社会研究所所长。英译本作品包括:《美学理论》[*Aesthetic Theory*，罗伯特·胡洛特–肯托（Robert Hullot-Kentor）译，明尼苏达大学出版社 1997 年出版]，与汉斯·艾斯勒（Hanns Eisler）合著的《为电影作曲》（*Composing for the Films*，牛津大学出版社 1947 年出版），《批判模型：干预和流行语》[*Critical Models: Interventions and Catchwords*，亨利·W. 皮克福德（Henry W. Pickford）译，哥伦比亚大学出版社 1998 年出版]，与霍克海默合著的《启蒙辩证法》[*Dialectic of Enlightenment*，约翰·卡明（John Cumming）译，赫尔德出版社（Herder and Herder）1972 年出版]，《黑格尔：三项研究》[*Hegel: Three Studies*，西里·韦伯·尼克尔森（Shierry Weber Nicholsen）译，麻省理工学院出版社 1994 年出版]，《真实性的隐语》[*The Jargon of Authenticity*，克努特·塔诺夫斯基、弗雷德里克·威尔（Knut Tarnowski and Frederic Will）译，西北大学出版社 1973 年出版]，《马勒：音乐相貌》[*Mahler: A Musical Physiognomy*，埃德蒙·杰夫科特（Edmund Jephcott）译，芝加哥大学出版社 1992 年出版]，《现代音乐哲学》[*Philosophy of Modern Music*，安娜·G. 米切尔、韦斯利·V·布罗姆斯特（Anne G. Mitchell and Wesley V. Blomster）译，西伯里出版社（Seabury Press）1973 年出版]，《棱镜：文化批判与社会》[*Prisms: Cultural Criticism and Society*，塞缪尔·韦伯（Samuel Weber）、西里·韦伯·尼克尔森译，麻省理工学院出版社 1981 年出版]。

汉斯·阿尔伯特，生于 1921 年，社会科学家，1963 年担任曼海姆大学教授，著有《启蒙与指导》（*Aufklärung und Steuerung*，1976）。

卡尔－奥托·阿佩尔（Karl-Otto Apel），生于 1922 年，哲学家。曾任基尔大学教授（1962）、萨尔布吕肯大学教授（1969）和法兰克福大学教授（1972）。重要作品有：《从但丁到维柯的人文主义传统中的语言观》（*Die Idee der Sprache in der Tradition des Humanismus von Dante bis Vico*，1963）、《先验实用主义视角下的解释与理解》[*Die Erklären-Verstehen-Kontroverse in transzendental-pragmatischer Sicht*，英译本为 *Understanding and Explanation: A Transcendental-Pragmatic Perspective*，乔治亚·沃恩科（Georgia Warnke）译，麻省理工学院出版社 1984 年出版]。

迪特里希·本纳，生于1941年，柏林洪堡大学教授，著有《理论与实践：对黑格尔和马克思的系统理论考察》（*Theorie und Praxis: Systemtheoretische Betrachtungen zu Hegel und Marx*，1966）、《教育科学理论研究》（*Studien zur Theorie der Erziehungswissenschaften*，1994）、《教育和教化理论研究》（*Studien zur Theorie der Erziehung und Bildung*，1995）、《教学理论与学校理论研究》（*Studien zur Theorie der Didaktik und Schultheorie*，1995）。

赫尔维希·布兰卡茨（1927—1983），教育学教授。1968年之前在柏林自由大学任教，自1969年起在明斯特大学任教。著有《职业教育与实用主义》（*Berufsbildung und Utilitarismus*，1963）、《大工业时代的教育》（*Bildung im Zeitalter der großen Industrie*，1969）、《教育学史：从启蒙运动到当代》（*Die Geschichte der Pädagogik von der Aufklärung bis zur Gegenwart*，1982）。

奥托·弗里德里希·博尔诺夫（1903—1991），哲学家和教育学家。1939年任吉森大学教授，1946年任美因茨大学教授，1953—1970年任图宾根大学教授。著有《存在哲学与教育学：对教育的非连续性形式的考察》（*Existenzphilosophie und Pädagogik: Versuch über unstetige Formen der Erziehung*，1959）、《认识论哲学》（*Philosophie der Erkenntnis*，2卷，1970—1975）。

沃尔夫冈·布雷钦卡，生于1928年。自1967年起任康斯坦茨大学教育学教授。著有《教育拯救人生》（*Erziehung als

Lebenshilfe, 1957）、《教育与文化革命：新左派教育学》（*Erziehung und Kulturrevolution: Die Pädagogik der Neuen Linken*，1974）。

威廉·狄尔泰（1833—1911），哲学家、心理学家和认识论者。曾任教于巴塞尔大学（1867—1868）、基尔大学（1868—1871）和布雷斯劳大学（1871—1882）。自 1882 年起任柏林大学哲学与教育学教授。著有《论普通教育科学的可能性》（*Über die Möglichkeit einer allgemeingültigen pädagogischen Wissenschaft*，1888）、《精神现象的体验科学》（*Erfahrungswissenschaft der geistigen Erscheinungen*，1910）、《人文科学》[*Geisteswissenschaften*，英译本为 *Introduction to the Human Sciences*，鲁道夫·A. 马克里尔、弗里茨霍夫·罗迪（Rudolf A.Makkreel and Frithjof Rodi）编，普林斯顿大学出版社 1991 年出版]。其他英译本包括：《狄尔泰选集》[*Dilthey Selected Writings*，H.P. 里克曼（H. P. Rickman）编，剑桥大学出版社 1976 年出版]、《解释学与历史研究》（*Hermeneutics and the Study of History*，鲁道夫·A. 马克里尔、弗里茨霍夫·罗迪译，普林斯顿大学出版社 1996 年出版）。

阿洛伊斯·费舍尔（1880—1937），1914 年任慕尼黑大学教授。著有《论作为教育问题的职业、职业选择和职业指导》（*Über Beruf, Berufswahl und Berufsberatung als Erziehungsfragen*，1918）、《从社会学和人文科学视角看职业学校理念的发展》（*Die Entwicklung des Berufsschulgedankens in soziologischer und geistesgeschichtlicher Beleuchtung*，1924—1925）。

安德烈亚斯·弗利特纳，生于 1922 年，1956 年任埃尔朗根大学教育学教授，1958 年任图宾根大学教育学教授。著有《当代教育学的焦点》(*Brennpunkte Gegenwärtiger Pädagogik*，1972)、《康拉德，妈妈说……：论教育与非教育》(*Konrad, Sprach die Frau Mama...: Über Erziehung und Nicht Erziehung*，第 9 版，1998)、《教育改革：二十世纪的推动力》(*Reform der Erziehung: Impulse des 20. Jahrhunderts*，1999)。

汉斯－格奥尔格·伽达默尔，生于 1900 年，哲学家。1937 年任马尔堡大学教授，1939 年任莱比锡大学教授，1947 年任法兰克福大学教授，1949 年任海德堡大学教授。著有《科学时代的理性》[*Vernunft im Zeitalter der Wissenschaft*，英译本为 *Reason in the Age of Science*，弗雷德里克·G. 劳伦斯（Frederick G. Lawrence）编译，麻省理工学院出版社 1981 年出版]。其他英译本包括：《真理与方法》[*Truth and Method*，乔尔·魏因斯海默、唐纳德·G. 马歇尔（Joel Weinsheimer and Donald G.Marshall）译，十字路口出版社（Crossroad Publishing）1989 年出版]，《解释学、宗教与伦理学》(*Hermeneutics, Religion, and Ethics*，乔尔·魏因斯海默译，耶鲁大学出版社 1999 年出版)。

汉斯－约亨·嘉姆，生于 1925 年。1961 年任奥尔登堡大学教育学教授，1967 年任达姆施塔特工业大学教育学教授。著有《犹太教研究》(*Judentumskunde*，1959)、《领导与诱惑：纳粹主义教育学》(*Führung und Verführung: Pädagogik des

Nationalsozialismus, 1964)、《德国的侵略与和平能力》(*Aggression und Friedensfähigkeit in Deutschland*, 1968)等。

尤尔根·哈贝马斯，生于1929年，哲学家和社会学家，曾任海德堡大学教授(1961)、法兰克福大学教授(1964)、马克斯·普朗克研究所所长(1971)。他的几部重要作品已被译成英文，其中包括:《合法化危机》[*Legitimation Crisis*，托马斯·麦卡锡(Thomas McCarthy)译，灯塔出版社(Beacon Press)1975年出版]、《交往与社会进化》(*Communication and the Evolution of Society*，托马斯·麦卡锡译，灯塔出版社1979年出版)、《哲学政治概况》[*Philosophical-Political Profiles*，弗雷德里克·劳伦斯(Frederick Lawrence)译，麻省理工学院出版社1983年出版]、《交往行为理论》(*The Theory of Communicative Action*，1—2卷，托马斯·麦卡锡译，灯塔出版社1984年、1987年出版)、《现代性的哲学话语》(*The Philosophical Discourse of Modernity*，弗雷德里克·劳伦斯译，麻省理工学院出版社1987年出版)、《社会科学的逻辑》[*On the Logic of the Social Sciences*，西里·韦伯·尼克尔森、杰瑞·A.史塔克(Jerry A. Stark)译，麻省理工学院出版社1989年出版]、《道德意识与交往行为》[*Moral Consciousness and Communicative Action*，克里斯蒂安·勒纳德(Christian Lenhardt)、西里·韦伯·尼克尔森译，麻省理工学院出版社1990年出版]、《后形而上学思想》[*Postmetaphysical Thinking*，威廉·马克·霍恩加滕(William Mark Hohengarten)译，麻省理工学院出版社1992年出版]、《论证与应用：论话语伦理学》[*Justification and Application: Remarks on Discourse Ethics*，塞伦·克罗宁（Ciaran Cronin）译，麻省理工学院出版社 1993 年出版]。

约翰·弗里德里希·赫尔巴特（1776—1841），哲学家和教育学家。1805 年任哥廷根大学哲学教授，1809 年任哥尼斯堡大学哲学教授，1833 年回到哥廷根。著有《裴斯泰洛奇的直观教学 ABC 思想》（*Pestalozzis Idee eines ABC der Anschauung*，1802）、《由教育目的引出的普通教育学》[*Allgemeine Pädagogik aus dem Zweck der Erziehung abgeleitet*，载于《教育学基础文本》（*Pädagogische Grundschriften*）1982 年第 2 卷，第 9—155 页]、《作为科学的心理学》（*Psychologie als Wissenschaft*，2 卷，1824 — 1825）。

海因茨 – 乔奇姆·海多恩（1916—1974），1950 年在基尔师范大学工作，1961 年在法兰克福大学任教育学教授。著有《迈向新的教育概念》（*Zu einer Neufassung des Bildungsbegriffs*，1972）。

马克斯·霍克海默（1895—1973），哲学家和社会学家，社会哲学教授，法兰克福大学社会研究所创始人和所长（1930—1933）。1933 年从法兰克福移居至纽约，1949 年回到法兰克福大学工作，1954—1959 年任芝加哥大学客座教授。英文著作有《理性之蚀》（*Eclipse of Reason*，牛津大学出版社 1947 年出版）、与阿多诺合著的《启蒙辩证法》、《哲学与社会科学之间》[*Between Philosophy and Social Science*，弗雷德里克·亨特（Frederick Hunter）等译，麻省理工学院出版社 1993 年出版]。

沃夫冈·克拉夫基，生于1927年。1963年任马尔堡大学教育学教授。著有《基础教学问题与分类教育理论》(*Das pädagogische Problem des Elementaren und die Theorie der kategorialen Bildung*, 1959)、《社会学》(*Soziologie*, 1958)、《历史－存在主义社会学批判》(*Kritik der historisch-existentialistischen Soziologie*, 1975)。

威廉·奥古斯特·拉伊(1862—1926)，教育家，最初为小学教师，后成为弗莱堡大学继续教育教学顾问，之后重返小学教学。系卡尔斯鲁厄的教师培训师。著有《实验教学法》(*Experimentell Didaktik*, 1903)、《以行动教育为核心的实验教育学》(*Experimentelle Pädagogik, mit besonderer Rücksicht auf die Erziehung durch die Tat*, 1908)、《行动学校》(*Die Tatschule*, 1911)。

沃夫冈·兰佩特，生于1930年，教育学家。自1972年起在柏林自由大学任教，同时负责马克斯·普朗克研究所的教育研究工作。著有《成就原则和解放：职业教育的现状、改革与调查研究》(*Leistungsprinzip und Emanzipation: Studien zur Realität, Reform und Erforschung des beruflichen Bildungswesens*, 1971)、《职业教育对社会民主化的贡献》(*Berufliche Bildung als Beitrag zur gesellschaftlichen Demokratisierung*, 1974)、《职业教育》(*Die Berufserziehung*, 1976)。

西奥多·利特(1880—1962)，哲学家和教育家。1920—1937年先后任波恩大学教授与莱比锡大学教授，1947年返回波恩。著有《个体与社会》（*Individuum und Gemeinschaft*，1919）、《人类与世界》（*Mensch und Welt*，1948）。

鲁道夫·洛赫纳（1895—1978），教育科学研究者。1934 年任希尔施贝格师范大学教授，1946 年任策勒大学教授，1951 年任吕讷堡师范大学教授。著有《描述性教育学》（*Deskriptive Pädagogik*，1927）、《教育现象》（*Phänomene der Erziehung*，1975）。

尼克拉斯·卢曼（Niklas Luhmann），生于 1927 年，法学和社会科学研究者。自 1968 年起任比勒费尔德大学社会学教授。著有《法社会学》[*Rechtssoziologie*，2 卷，英译本 *A Sociological Theory of Law* 由伊丽莎白·金 – 乌兹、马丁·阿尔布劳（Elizabeth King-Utz and Martin Albrow）译，劳特利奇和基根·保罗出版社（Routledge and Kegan Paul plc）1985 年出版]、《权力》[*Macht*，英译本 *Trust and Power* 由霍华德·戴维斯、约翰·拉凡、凯瑟琳·鲁尼（Howard Davis，John Raffan，and Kathryn Rooney）译，威立出版社（Wiley）1979 年出版]、《社会结构与语义学：科学社会学与现代社会研究》（*Gesellschaftsstruktur und Semantik: Studien zur Wissenschaftssoziologie der modernen Gesellschaft*，3 卷，1980—1989）、《社会的科学》（*Die Wissenschaft der Gesellschaft*，1990）、《大众媒体的真实性》[*Die Realität der Massenmedien*，英译本 *The Reality of the Mass Media* 由凯瑟琳·克罗斯（Kathleen Cross）译，政体出版社（Polity Press）2000 年出版]、《社会的社

会》(*Die Gesellschaft der Gesellschaft*，1997)。

赫伯特·马尔库塞(1898—1979)，哲学家。1951—1954 年任哈佛大学研究员，1954 年在布兰迪斯大学任政治学教授，自 1965 年起于加利福尼亚大学圣地亚哥分校任教。作品包括：《爱欲与文明：对弗洛伊德思想的哲学探讨》(*Eros and Civilizaion: A Philosophical Inquiry into Freud*，灯塔出版社 1955 年出版)、《单向度的人：发达工业社会意识形态研究》(*One-Dimensional Man: Studies in the Ideology of Advanced Industrial Society*，灯塔出版社 1968 年出版)。

恩斯特·梅伊曼(1862—1915)，心理学家和教育学家。1894 年任哲学与教育学教授。曾在苏黎世大学、哥尼斯堡大学、明斯特大学和哈勒大学任教，1911 年定居汉堡。著有《实验教育学导论》(*Vorlesungen zur Einführung in die experimentelle Pädagogik*，2 卷，1907)、《实验教育学大纲》(*Abriss der experimentellen Pädagogik*，1920)。

克劳斯·莫伦豪尔，生于 1928 年，教育科学研究者。1965—1966 在柏林师范大学任教授，1969—1972 年在法兰克福大学任教，1972 年后在哥廷根大学任教。著有《工业社会的社会教育学起源》(*Die Ursprünge der Sozialpädagogik in der industriellen Gesellschaft*，1959) 和《教育过程理论》(*Theorien zum Erziehungsprozess*，1972)。

赫尔曼·诺尔(1879—1960)，教育科学研究者、哲学家。

1919年在耶拿大学任教授，1920年在哥廷根大学任教授。著有《教育学与政治学随笔》(*Pädagogische und politische Aufsätze*，1919)和《当代教育学任务》(*Die pädagogische Aufgabe der Gegenwart*，1949)。

彼得·彼得森（1884—1952），教育科学研究者、学校改革者。1923—1950年在耶拿大学任教授。著有《普通教育科学》(*Allgemeine Erziehungswissenschaft*，3卷，1924—1954)，与埃尔泽·彼得森合著《教育事实研究》(*Die pädagogische Tatsachenforschung*，1965)。

海因里希·罗特（1906—1983），教育科学研究者、心理学家。1956年任法兰克福大学教授，1961年任哥廷根大学教授。著有《教学心理学》(*Pädagogische Psychologie des Lehrens und Lernens*，1957)、《教育人类学》(*Pädagogische Anthropologie*，2卷，1966—1971)。

弗里德里希·丹尼尔·恩斯特·施莱尔马赫（1768—1834），自1807年起与威廉·洪堡（Wilhelm von Homboldt）共事，是一个科学项目的负责人。1810年，在柏林大学的开幕典礼上受聘为神学院教授兼院长。著有《独白》(*Monologen*，1800)、《伦理学批判基础》(*Grundlinien einer Kritik der bisherigen Sittenlehre*，1803)、《教育学基本作品》(*Pädagogische Grundschriften*，2卷，1966)。

参考文献

Adorno, Th. W.: *Spätkapitalismus oder Industriegesellschaft?* (Late Capitalism or Industry Society?) Stuttgart: Ferdinand Enke, 1969.

Adorno, Th. W.: *Erziehung zur Mündigkeit* (Education Towards Autonomy) Frankfurt am Main: Suhrkamp, 1970.

Adorno, Th. W. *et al.*: *Der Positivismusstreit in der deutschen Soziologie* (The Controversy on Positivism in German Sociology) Neuwied/Berlin: Luchterhand, 1972.

Adorno, Th. W.: *Negative Dialectics*, trans. Ashton, London: Routledge, 1990.

Albert, H.: Wertfreiheit als methodisches Prinzip. Zur Frage der Notwendigkeit einer normativen Sozialwissenschaft (Freedom from Values as a Methodological Principle. On the Issue of the Necessity of Normative Social Science) in: Topitsch, E. (ed.): *Logik der Sozialwissenschaften* (The Logic of Social Science) Cologne/Berlin: Kiepenheuer & Witsch, 1965, pp. 879-908.

Albert, H.: *Plädoyer für kritischen Rationalismus* (An Appeal for Critical Rationalism) München: R. Piper & Co., 1971.

Albert, H.: *Konstruktion und Kritik. Aufsätze zur Philosophie des kritischen Rationalismus* (Construction and Criticism. Essays on the Philosophy of Critical Rationalism) Hamburg: Hoffmann und Campe, 1972.

Albert, H.: Positivismus-Kritischer Rationalismus (Positivist Critical Rationalism) in: Wulf, Ch. (ed.): *Wörterbuch der Erziehung* (Dictionary of Education) München: R. Piper & Co., 1974.

Albert, H.: Probleme der Wissenschaftslehre in Sozialforschung (The Problems of Science in Social Research) in: König, R. (ed.): *Handbuch der empirischen Sozialforschung* (Handbook of Emprical Social Research) München:dtv-Wissenschaftliche Reihe, 1976.

Apel, K.-O. *et al.*: *Hermeneutik und Ideologiekritik* (Hermeneutics and Ideology Criticism) Frankfurt am Main: Suhrkamp, 1971.

Benner, D.: *Hauptströmungen der Erziehungswissenschaft. Eine Systematik traditioneller und moderner Theorien* (Mainstreams of Educational Science. A System of Traditional and Modern Theories) München: List-Verlag, 1973.

Benner, D.: *Allgemeine Pädagogik* (General Pedagogics) München/Weinheim: Beltz Juventa, 1987.

Blankertz, H.: Pädagogische Theorie und empirische

Forschung (Pedagogical Theory and Empirical Research) in: *Zur Bedeutung der Empirie für die Pädagogik als Wissenschaft*, in *Vierteljahresschrift für wissenschaftliche Pädagogik* (On the Significance of Empiricism for Education as a Science, in Quarterly for Scientific Pedagogics) 5, Bochum, 1966, pp. 65-78.

Blankertz, H.: Wissenschaftstheorie (Epistemology) in: Wulf, Ch. (ed.): *Wörterbuch der Erziehung* (Dictionary of Education) München: R. Piper & Co., 1974.

Blass, J. L.: *Modelle pädagogischer Theoriebildung* (Models of Pedagogical Theory Development) vol. 2, Stuttgart: Kohlhammer, 1978.

Bollnow, O. F.: Empirische Wissenschaft und hermeneutische Pädagogik. Bemerkungen zu Wolfgang Brezinka, "Von der Pädagogik zur Erziehungswissenschaft" (Empirical Science and hermeneutic Pedagogics. Comments on Brezinka's "From Pedagogics to Educational Science") in: *Zeitschrift für Pädagogik* (Journal for Pedagogics) 17, 1971, pp. 683-708.

Bollnow, O. F.: *Anthropologische Pädagogik* (Anthropological Education) Bern/Stuttgart: Haupt, 3rd ed., 1983.

Braun, W.: *Pädagogik, eine Wissenschaft?* (Is Pedagogics a Science?) Weinheim: Deutscher Studien Verlag, 1992.

Brezinka, W.: Über den Wissenschaftsbegriff der Erziehungswissenschaft und die Einwände der weltanschaulichen Pädagogik (On the Concept of Science in Educational Science and the Objections of Ideological Pedagogics) in: *Zeitschrift für Pädagogik* (Journal for Pedagogics) 13, 1967, pp. 135-168.

Brezinka, W.: Von der Pädagogik zur Erziehungswissenschaft (From Pedagogics to Educational Science) in: *Zeitschrift für Pädagogik* (Journal for Pedagogics) 14, 1968, pp. 317-334, 435-475.

Brezinka, W.: Philosophie der Erziehung (Philosophy of Education) in: *Zeitschrift für Pädagogik*(Journal for Pedagogics) 15, 1969, pp. 551-597.

Brezinka, W.: Über Erziehungsbegriffe. Eine kritische Analyse von ein Explikationsvorschlag (On Educational Concepts. A Critical Analysis of an Explanation Proposal) in: *Zeitschrift für Pädagogik* (Journal for Pedagogics) 17, 1971, pp. 567-615.

Brezinka, W.: *Von der Pädagogik zur Erziehungswissenschaft* (From Pedagogics to Educational Science) Weinheim/Berlin/Basle: Beltz, 1972.

Bubner, R.: Transzendentale Hermeneutik? (Transcendental Hermeneutics?) in: Simon-Schaefer/Zimmerli (eds.): *Wissenschaftstheorie der Geisteswissenschaften* (Scientific Theory of the Humanities) Hamburg: Hoffmannund Campe, 1975.

Dahmer/Klafki (eds.): *Geisteswissenschaftliche Pädagogik am Ausgang ihrer Epoche* (Humanist Pedagogics at the Twilight of its Age) Weinheim/Berlin: Beltz, 1968.

Dilthey, W.: *Gesammelte Schriften* (Complete Works) Stuttgart/Göttingen: Vandenhoeck & Ruprecht, 1958.

Feyerabend, P.: Reply to Criticism. Comments on Smart, Sellars and Putnam, in: Cohen/Wartofsky (eds.): *Boston Studies in the Philosophy of Science*, vol. 2, London: Humanities, 1965, pp. 223-261.

Feyerabend, P.: *Against Method*, London: Verso, 1972.

Fischer, A.: Deskriptive Pädagogik (Descriptive Pedagogics) (1914) reedited in: Oppolzer, S. (ed.): *Denkformen und Forschungsmethoden der Erziehungswissenschaft* (Forms of Thinking and Methods of Research in Educational Science) München: Ehrenwirth, 1966.

Flitner, W.: *Das Selbstverständnis der Erziehungswissenschaft in der Gegenwart* (The Self-Conception of Educational Science in the Present) Heidelberg: Quelle & Meyer, 1963.

Gadamer, H.-G.: *Wahrheit und Methode*, Tübingen, 1972; trans. Weinsheimer/Marshall: *Truth and Method*, New York: Crossroad Publishing, 1989.

Gehlen, A.: *Der Mensch: Seine Natur und seine Stellung in der*

Welt, 13th ed., Wiesbaden, 1986; trans. McMillan/Pillener: *Man. His Nature and Place in the World*, New York: Columbia University Press, 1988.

Habermas, J.: Knowledge and Interest, in *Inquiry* 9, pp. 285-300; trans. Flöistad, 1966.

Habermas, J.: *Technik und Wissenschaft als Ideologie*, Frankfurt am Main, 1969; trans. Shapiro: Technology and Science as "Ideology" , in: *Toward a Rational Society*, Boston: Beacon Press, 1970, pp. 81-122.

Habermas/Luhmann: *Theorie der Gesellschaft oder Sozialtechnologie* (Theory of Society or Social Technology) Frankfurt am Main: Suhrkamp, 1971.

Habermas, J.: *Theorie und Praxis. Sozialphilosophie Studien*, Frankfurt am Main, 1972; trans. Viertel: *Theory and Practice*, Boston: Beacon Press, 1973.

Habermas, J.: *Strukturwandel der Öffentlichkeit*, Neuwied/Berlin, 1974; trans. Burger/Lawrence: *The Structural Transformation of the Public Sphere. An Inquiry into a Category of Bourgeois Society*, Cambridge, Mass.: MIT Press, 1989.

Hannsmann/Marotzki (eds.): *Diskurs Bildungstheorie 1. Systematische Markierungen* (Discourse in Educational Theroy I. Systematic Outlines)Weinheim: Deutscher Studien Verlag, 1988.

Herbart, J.-F.: *Pädagogische Schriften* (Pedagogical Works) Düsseldorf: MV Pädagogik, 1964.

Herbart, J.-F.: *Allgemeine Pädagogik* (General Pedagogics) Bochum: Ferdinand Kamp, 1968.

Hermann, U.: *Die Pädagogik Wilhelm Dilthey* (Pedagogics According to Wilhelm Dilthey) Göttingen: Schöningh, 1971.

Heydorn, H.-J.: Über den Widerspruch von Bildung und Herrschaft (On the Contradiction Between Education and Ruling Power) Frankfurt am Main: Europäische Verlagsanstalt, 1970.

Heydorn, H.-J.: *Zu einer Neufassung des Berufsbegriffs* (Towards a New Concept of Profession) Frankfurt am Main: Suhrkamp, 1972.

Hoffmann, D.(ed.): *Bilanzierungen erziehungswissenschaftlicher Theorieentwicklung* (The Balance of Theory Development in Educational Science) Weinheim: Deutscher Studien Verlag, 1991.

Hoffmann/Fromm (eds.): *Bilanz der Paradigmadiskussion in der Erziehungswissenschaft* (Conclusions on the Paradigma Discussion in Educational Science) Weinheim: Deutscher Studien Verlag, 1991.

Horkheimer, M.: *Traditionelle und kritische Theorie* (Traditional and Critical Theory) Frankfurt am Main: Fischer-Taschenbuch-Verlag, 1970.

Horkheimer, M.: *Sozialphilosophische Studien. Aufsätze,*

Reden, und Vorträge (1930-1972), Frankfurt am Main, 1972; trans. Hunter/Kramer/Torpey: *Between Philosophy and Social Science*, Cambridge, Mass.: MIT Press, 1993.

Horkheimer/Adorno: *Dialektik der Aufklärung, Philosophie Fragmente*, Frankfurt am Main, 1971; trans. Cumming: *Dialectic of Enlightenment*, New York: Herder and Herder, 1972.

Jung/Scheer/Schreiber (eds.): *Vom Weiterlesen der Moderne* (On the Continued Reading of Modernity) Bielefeld: Linden Verlag, 1986.

Kamper, D.: *Geschichte und menschliche Natur* (History and Human Nature) München: Hanser, 1973.

Kamper, D.: Hermeneutik, Theorie einer Praxis? in: *Zeitschrift für allgemeine Wissenschaftstheorie* (Journal for General Scientific Theory) 5, 1974, pp. 39-53.

Kamper, D.: Kritische Theorie der Gesellschaft, in: Rombach, H. (ed.): *Wissenschaftstheorie* (Scientific Theory), vol. 1, Freiburg/Basle/Vienna, 1974a, pp. 78-86.

Kamper/Wulf (eds.): *Logik und Leidenschaft. Zwölf internationale transdisziplinäre Studien zur Historischen Anthropologie* (Logic and Passion, Twelve International Transdisciplinary Studies in Historical Anthropology) in various editions, 1982-1992.

Kamper/Wulf (eds.): *Anthropologie nach dem Tode der*

Mensch (Anthropology after the Death of Man) Frankfurt am Main: Suhrkamp, 1994.

Kant, I.: *Critique of Pure Reason*, trans. Meiklejohn, New York: The Colonial Press, 1900.

Klafki, W.: Erziehungswissenschaft als kritisch-konstruktive Theorie: Hermeneutik-Empirie-Ideologiekritik (Educational Science as Critical-Constructive Theory: Hermeneutics, Empiricism, Ideology Criticism) in: *Zeitschrift für Pädagogik* (Journal for Pedagogics) 17, 1971, pp. 351-385.

Klafki, W.: *Aspekte kritisch-konstruktiver Erziehungswissenschaft* (Aspects of Critical-Constructive Educational Science) Weinheim/Berlin/Basle: Beltz, 1976.

Kuhn, Th. S.: *Die Struktur wissenschaftlicher Revolutionen* (The Structure of Scientific Revolutions) Frankfurt am Main: Suhrkamp, 1973.

Lakatos, I.: *The Problems of Inductive Logic,* Amsterdam: North-Holland, 1968.

Lay, W. A.: *Experimentelle Pädagogik mit besonderer Rücksicht auf die Erziehung durch die Tat* (Experimental Pedagogic with Particular Reference to Education Through Activity) Leipzig: B. G. Teubner, 1912.

Lempert, W.: *Leistungsprinzip und Emanzipation. Studien zur*

Realität, Reform und Erforschung des beruflichen Bildungswesens (The Principle of Achievement and Emancipation. Studies on Reality, Reform and Research in Vocational Education) Frankfurt am Main: Suhrkamp, 1971.

Lempert, W.: *Berufliche Bildung als Beitrag zur gesellschaftlichen Demokratisierung* (Vocational Education as a Contribution towards Social Democratisation) Frankfurt am Main: Suhrkamp, 1974.

Lempert, W.: Aufgaben der Berufsbildungsforschung (The Tasks of Research in Vocational Education) in: *Zeitschrift für Pädagogik* (Journal for Pedagogics) 22, 1976, pp. 57-76.

Lenzen, D.: Mythos, Metapher und Simulation. Zu den Aussichten systematischer Pädagogik in der Postmoderne (Myth, Metaphor and Simulation. On the Perspectives for Systematic Pedagogics in Post-Modernity) in: *Zeitschrift für Pädagogik* (Journal for Pedagogics) 33, 1987, pp. 41-60.

Litt, Th.: *Denken und Sein* (Thinking and Being) Stuttgart: Hirzel, 1948.

Loch, W.: *Die anthropologische Dimension in der Pädagogik* (The Anthropological Dimension of Education) Essen: Neue Deutsche Schule, 1963.

Lochner, R. D.: *Deskriptive Pädagogik* (Descriptive Pedagogics) Reichenberg: Verlag Gebrüder Stiepel GmbH, 1927.

Lochner, R. D.: *Deutsche Erziehungswissenschaft* (German Educational Science) Meisenheim: Anton Hain, 1963.

Luhmann, N.: *Zweckbegriff und Systemrationalität. Über die Funktion von Zwecken in sozialen Systemen* (The Concept of Target and System Rationality. On the Function of Targets in Social Systems) Tübingen: Mohr, 1968.

Luhmann/Schorr (eds.): *Zwischen Anfang und Ende. Fragen an die Pädagogik* (Between Beginning and End: Questions for Pedagogics) Frankfurt am Main: Suhrkamp, 1990.

Marcuse, H.: *Counter-Revolution and Revolt*, London: Allen Lane, 1972.

Marcuse, H.: *One-Dimensional Man: Studies in the Ideology of Advanced Industrial Society*, London: Routledge, 1991.

Marx, K.: *Zur Judenfrage* (On the Jewish Question) in: Marx/ Engels: *Studienausgabe in 4 Bänden* (Complete Works in Four Volumes) Frankfurt am Main: Fischer, 1966, pp. 31-60.

März, F.: *Problemgeschichte der Pädagogik. Pädagogische Anthropologie* (History of Pedagogical Histroy, Pedagogical Anthropology) vol. 2, Bad Heibrunn: Klinkhardt, 1978, 1980.

Mayntz/Holm/Hübner: *Einführung in die Methoden der empirischen Soziologie* (Introduction to the Methods of Empirical Sociology) Opladen: Westdeutscher Verlag, 1972.

Meumann, E.: *Abriss der experimentellen Pädagogik* (Outline of Experimental Pedagogics) Leipzig: Engelmann Verlag, 1920.

Meyer-Drawe/Peukert/Ruhloff (eds.): *Pädagogik und Ethik* (Pedagogics and Ethics) Weinheim: Deutscher Studien Verlag, 1992.

Mollenhauer, K.: Das Problem einer empirisch-positivistischen Pädagogik (The Problem of Empirical-Positivist Pedagogics) in: *Zur Bedeutung der Empirie für die Pädagogik als Wissenschaft*, in *Vierteljahresschrift für wissenschaftliche Pädagogik* (On the Significance of Empiricism for Pedagogics as Science, in Quarterly of Scientific Pedagogics) 5, Bochum, 1966, pp. 53-64.

Mollenhauer, K.: *Theorien zum Erziehungsprozess* (Theories on the Educational Process) München: Juventa Verlag, 1972.

Morotzki/Sünker (eds.): *Kritische Erziehungswissenschaft-Moderne-Postmoderne* (Critical Educational Science-Modernity-Postmodernity) vol. 1, Weinheim: Deutscher Studien Verlag, 1992.

Nohl, H.: *Pädagogik aus dreißig Jahren* (Thirty Years of Pedagogics) Frankfurt am Main: Verlag G. Schulte-Bulmke, 1949.

Nohl, H.: *Die pädagogische Bewegung in Deutschland und ihre Theorie* (The Pedagogical Movement in Germany and Its Theory) Frankfurt am Main: Verlag G. Schulte-Bulmke, 1949a.

Oelkers/Tenorth: Pädagogisches Wissen als Orientierung und als Problem (Pedagogical Knowledge as an Orientation and a Problem) in: *Zeitschrift für Pädagogik* (Journal for Pedagogics) 27, 1991, pp. 13-35.

Petersen/Petersen: *Die pädagogische Tatsachenforschung* (Study of Pedagogical Facts) Paderborn: Schöningh, 1965.

Plessner, H.: *Gesammelte Schriften* (Complete Works) vol. 10, Frankfurt am Main: Suhrkamp, 1980.

Popper, K.: *The Open Society and Its Enemies*, London: Routledge, 1966.

Popper, K:. *The Logic of Scientific Discovery*, London: Routledge, 1973.

Prange, K.: *Pädagogische Erfahrung* (Educational Experience) Weinheim: Deutscher Studien Verlag, 1989.

Reichelt, H.: Kritische Theorie (Critical Theory) in: Wulf, Ch. (ed.): *Wörterbuch der Erziehung* (Dictionary of Education) München: R. Piper & Co., 1974, 7th ed., 1989.

Roth, H.: Empirische Pädagogische Anthropologie. Konzeption und Schwierigkeiten (Empirical Pedagogical Anthropology. Conception and Difficulties) in: *Zeitschrift für Pädagogik* (Journal for Pedagogics) 13, 1965, pp. 207-221.

Roth, H.: *Pädagogische Anthropologie* (Pedagogical Anthropology) 2 vols., Hannover: Schroedel, 1966, 1971.

Rousseau, J.-J.: Émile ou de *l'Éducation*, Paris, 1876; trans.

Foxley: *Emile*, London: Everyman, 1993.

Scheler, M.: *Die Stellung des Menschen im Kosmos* (The Position of Man in Cosmos) Bonn: Bouvier, 1928.

Schleiermacher, F. D. E.: *Gedanken zu einer Theorie der Erziehung. Aus der Pädagogik-Verlesung von 1826* (Thoughts on a Theory of Education. From the Reading of Pedagogics of 1826) Heidelberg: Quelle & Meyer, 1965.

Schmied-Kowarzik, W.: *Dialektische Pädagogik* (Dialectic Pedagogics) München: Kösel, 1974.

Thiersch, H.: "Hermeneutik und Erfahrungswissenschaft. Zum Methodenstreit in der Pädagogik" (Hermeneutics and Experience Science. On the Quarrel over Methods in Pedagogics) in: *Die deutsche Schule*, 58, 1966, pp. 3-21.

Topitsch, E. (ed.): *Logik der Sozialwissenschaften* (The Logic of Social Science) Cologne/Berlin: Kiepenheuer & Witsch, 1965.

Uhle, R.: *Geisteswissenschaftliche Pädagogik und kritische Erziehungswissenschaft* (Humanist Pedagogics and Critical Educational Science) München: Kösel, 1976.

Uhle, R.: *Bildung in Moderne-Theorien* (Theories on Education in Modernity) Weinheim: Deutscher Studien Verlag, 1993.

Weniger, E.: *Die Grundlagen des Geschichtsunterrichts. Untersuchungen zur geisteswissenschaftliche Didaktik* (The

Foundations of History Teaching. Studies on Humanist Didactics) Leipzig/Berlin: B. G. Teubner, 1926.

Weniger, E.: *Die Eigenständigkeit der Erziehung in Theorie und Praxis* (The Autonomy of Education in Theory and Practice) Weinheim: Beltz, 1953.

Wulf, Ch. (ed.): *Wörterbuch der Erziehung* (Dictionary of Education) München: R. Piper & Co., 1974, 7th ed., 1989.

Wulf, Ch. (ed.): *Vom Menschen. Handbuch Historische Anthropologie* (On Man. A Handbook of Historical Anthropology) Weinheim/Basel: Beltz, 1997.

Wulf, Ch.: *Einführung in die Anthropologie der Erziehung* (Introduction to Educational Anthropology) Weinheim/Basel: Beltz, 2001.

Wulf/Zirfas (eds.): *Theorien und Konzepte Pädagogischer Anthropologie* (Theories and Concepts of Pedagogical Anthropology) Donauwörth: Auer, 1994.

Wünsche, K.: Die Bemühungen um einen anthropomorphen Menschen (Attempts towards an Anthropomorphic Human) in: *Historische Anthropologie* (Historical Anthropology) Reinbek, 1989, pp. 171-216.